LES LENDEMAINS DE LA RÉVOLUTION SEXUELLE

Diffusion: Prologue
2975, rue Sarleton
Ville St-Laurent, Qué.
Tél.: (514) 332-5860

Photo: André Gagné

Photocomposition: Typo +
1355 est, Ste-Catherine
Montréal

Impression: Imprimerie Distinction
1340, rue Balmoral
St-Laurent, Montréal

Dépôt légal: 3e trimestre 1986
Bibliothèque Nationale du Québec
Bibliothèque Nationale du Canada

ISBN 2-9800138-1-1

Michel Dorais

LES LENDEMAINS DE LA RÉVOLUTION SEXUELLE

LE SEXE A-T-IL REMPLACÉ L'AMOUR ?

éditions Prétexte

A Jeannette Gauthier.

REMERCIEMENTS

Je remercie ceux et celles qui m'ont encouragé à la rédaction de ce livre. En particulier Richard Chartier et Michel Lemay, qui ont bien voulu en commenter les premières versions. Sans oublier Andrée Matteau, Stéphane Fontaine, Pierre Girard et Rita Dorais.

AVERTISSEMENT

Tous les cas rapportés dans ce livre sont réels. Seul le nom des personnes concernées a été changé afin de préserver la confidentialité.

PRÉFACE

J'ai rencontré Michel Dorais pour la première fois il y a quatre ans. Cette rencontre s'est faite grâce à notre ami commun Michel Lemay, à l'époque directeur de la *Revue québécoise de sexologie*. Sans le savoir nous avions écrit, chacun de notre côté, des mots, des idées, des phrases qui traduisaient nos émotions, nos sentiments, nos opinions, nos intérêts, nos critiques, nos prises de conscience face aux pouvoirs de la révolution sexuelle. Nous nous sommes aperçus que nous partagions des affinités, des choix, des désirs semblables. Ce fut, pour moi, le coup de foudre de l'amitié, une intimité et une complicité immédiates et spontanées.

J'ai trouvé en Michel Dorais et dans ses écrits, la confirmation de ma propre philosophie et de mes valeurs. J'en ai éprouvé une sécurité et une confiance accrues dans ma démarche personnelle, professionnelle et sociale.

Lorsque Michel m'a demandé d'écrire la préface de ce livre, je me suis sentie touchée par son amitié, par sa confiance; enthousiasmée par l'idée de lire un manuscrit à l'aube de sa naissance publique; fière de cette reconnaissance; joyeuse de partager une nouvelle complicité, mais aussi un peu craintive. Prendre part au dévoilement émotif, intellectuel et créateur d'une autre personne, m'apparaît un peu comme une intrusion permise et aussi comme une relation intime. Tout au long de cette lecture je me suis sentie très proche de l'auteur.

5

Depuis bientôt deux ans, je me répétais: «*La véritable libération sexuelle n'a pas eu lieu. Nous n'avons été et ne sommes encore que les proies des valeurs qui dominent le système patriarcal capitaliste depuis des siècles. D'une part, les femmes et les enfants objets sexuels, d'autre part les hommes acheteurs ou ˙protecteurs˙ de ces objets*».

Il est clair que la scission entre les sexes semble actuellement atteindre un écart encore plus grand que naguère. Le sexe-consommation a presque définitivement remplacé l'engagement, l'intimité, la communication, la tendresse, l'affection, l'amour, la sollicitude, la compréhension. Il ne reste qu'un sexe fantasmé, illusoire, provisoire, éphémère, sous l'égide de l'argent, du pouvoir et de l'artifice. Ainsi, entre la révolution sexuelle et une véritable libération sexuelle, persiste un vide que tous et chacun cherchent désespérément à combler. Pour les uns, la libération sexuelle mercantile et rentable s'inscrit dans la poursuite d'un modèle, pour les autres, le néoconservatisme représente la solution idéale. Combien de fois ai-je été aux prises, à l'université où j'enseigne, avec des travaux d'étudiantes qui prônaient l'une ou l'autre des deux idéologies dominantes, ou qui tentaient vainement de réconcilier les deux!

En lisant ce livre, on prend conscience qu'il s'agit maintenant d'esquisser de nouvelles avenues si nous voulons sortir à la fois d'une répression et d'une révolution qui se sont en quelque sorte payées notre confiance et notre naïveté.

Avec une verve passionnée, un vocabulaire qui donne l'impression qu'aucun écart n'existe entre la pensée et les mots écrits, Michel Dorais décrit, analyse, démontre et relève dans le quotidien les échecs de la révolution sexuelle.

Selon l'auteur, la logique de rentabilité apprise dans nos relations sociales et économiques s'est reproduite dans nos relations amoureuses et sexuelles: il apparaît évident que pour rendre le sexe rentable il fallait le vider d'émotivité et d'engagement. Les cibles privilégiées de cette rentabilité ont été d'abord les hommes. Maintenant cette logique s'élargit aux femmes et aux enfants...

Récupération commerciale, incitation à la consommation et à la dépendance, valorisation du narcissisme et de l'égocentrisme, fuite en avant, y compris dans la violence et la déresponsabilisation personnelle! Voilà, pour Michel Dorais, les principales caractéristiques de la révolution sexuelle. Les rapports entre cette pseudo-révolution sexuelle et le politique, l'économique, le social et le psychologique éclatent ici dans toute leur pureté. Rien n'échappe à l'auteur, à sa conscience lucide, vive et observatrice de notre culture. Combien de fois me suis-je dit en le lisant: «*C'est ça, c'est exactement ça!*».

La première partie du livre m'a procuré à la fois satisfaction et tristesse. Satisfaction de voir un homme qui n'est pas de ma génération (j'ai dix-huit ans de plus que lui) confirmer de façon magistrale ce qui alimente mes réflexions depuis quelques années. Tristesse de constater le piètre bilan d'une révolution sexuelle enracinée dans l'individualisme, l'exploitation, le pouvoir et la violence. Avec encore plus d'acuité, je constate également qu'une révolution sexuelle ne peut libérer personne si elle ne s'accompagne pas de révolution culturelle parallèle.

Les alternatives signalées dans la seconde partie sont porteuses d'un certain espoir. Me réclamant moi-même du mouvement des femmes, je ne peux que me reconnaître dans les propos de l'auteur, dans ses réflexions et surtout dans son éthique individuelle, professionnelle et sociale. Aussi, je me rallie à lui lorsqu'il affirme que le féminisme, l'écologisme, le mouvement du potentiel humain, le pacifisme, le rejet des valeurs de consommation et de compétition sont les principales manifestations de l'alternative.

Lire ce que l'auteur dit de l'affection, de la tendresse, de l'amour, du respect, de l'honnêteté, de la responsabilité, de la maturité et de la sagesse dans la sexualité me réchauffe le corps, le coeur et l'esprit. Plus jamais je ne tolérerai de me faire dire par certaines femmes et certains hommes: «*Tu ne comprends rien à la libération sexuelle, tu ne fais que confondre sexe*

7

et amour comme toutes les femmes de ta génération».

Plus j'avançais dans cette lecture, plus ma pensée s'organisait, plus mon corps comprenait, plus je saisissais dans leur synthèse les différents facteurs qui ont contribué à la promotion comme à la déchéance de la révolution sexuelle. Promotion mercantile, commerciale, industrielle du sexe. Déchéance de l'affectivité et des valeurs qui donnent un sens à la vie.

Ce livre m'apprend que c'est malheureusement la révolution sexuelle qui a enseigné la sexualité aux gens. La remise en cause de la révolution sexuelle et de ses pouvoirs par la démonstration et l'affirmation, tant sur le plan théorique que pratique, qu'*on ne remplace pas l'amour par le sexe*, représente pour moi une étape des plus positives vers le progrès de notre humanité.

Andrée Matteau
Octobre 1985

P.S. Comme l'écriture m'est plus facile que la parole, je te dis Michel: «*Bravo! Je t'aime, je t'affectionne et je t'admire*». Merci de m'avoir fait l'honneur et le plaisir d'être l'une des premières lectrices d'un manuscrit dont le contenu, je l'espère, éclairera, influencera et marquera les générations actuelles et futures.

INTRODUCTION

Longtemps nous avons cru que l'amour é-
tait la clé du bonheur. Jusqu'à ce que nous nous laiss-
sions convaincre que l'amour n'était rien d'autre
qu'un peu de sentimentalité entortillée autour de
notre sexualité. Désormais pas de bonheur ni même d'équilibre possibles sans prospérité sexuelle!
Ce qu'on allait appeler la révolution sexuelle était
enclenché. Pourtant...

La véritable révolution sexuelle n'a pas eu
lieu. On aura beau dire que la sexualité est moins
renfrognée, que les gens vivent plus librement, que
le puritanisme a été terrassé, il n'empêche que la
libération des corps et surtout celle des esprits parais-
sent encore bien limitées et, à y regarder de plus
près, plutôt conservatrices.

Prolifération de la nudité commerciale dans
les revues et les films dits érotiques et, plus récemment, dans la danse nue; relâchement de la morale
dite traditionnelle au profit d'une permissivité ac-

crue qui va du droit au plaisir à la multiplication des partenaires, de la précarité du couple à la tolérance des déviances sexuelles de jadis, du recours massif à la contraception à la libéralisation de l'avortement, etc.; mais surtout une place incommensurable faite à la sexualité: voilà autant d'indices identifiés à la révolution sexuelle. Des «radio-sexe» aux thérapies sexuelles, en passant par ces petites annonces bien personnelles qui abondent dans journaux et revues, le sexe tient maintenant partout sa place. Il est chanté sur disques et cassettes, discouru dans les médias, pavoisé dans les «sex-bars», exécuté sur les planches des théâtres, sur les écrans des télévisions et des cinémas. Désormais le sexe s'expose. Plus: il s'impose. Il parle même. Mais que dit-il? Quels sont les valeurs et les messages véhiculés à travers cette prétendue libération sexuelle? C'est à répondre à cette question que s'emploie la première partie de ce livre.

A ceux et celles que le caractère factice et paradoxal de la révolution sexuelle des trente dernières années laisserait amers ou déconfits, la seconde partie de cet ouvrage apportera peut-être un souffle d'espoir. Si la révolution sexuelle à visées mercantiles et régulatrices a été un leurre, celle qu'appellent depuis dix ou quinze ans des nouveaux mouvements sociaux et courants d'idées, est, bien que plus discrète, porteuse de changements beaucoup plus profonds. Les mouvements de femmes et le féminisme, par exemple, ont entrepris de transformer non seulement la vision que les femmes et les hommes avaient d'eux-mêmes mais les rapports entre femmes, entre femmes et hommes, et par ricochet, entre hommes. Même si leur objectif principal n'est pas de changer la sexualité des unes ou des autres, l'impact que la pensée et le mouvement féministes ont eu sur la sexualité commence à être significatif. Semblablement, l'essor d'une nouvelle gauche davantage préoccupée par la transformation du quotidien, le développement d'une «nouvelle culture» revendiquant plus d'autonomie individuelle et le regard davantage critique posé sur des sciences comme la psychologie et la sexologie font apparaître des compréhensions, des attitudes et des comportements nouveaux à l'égard de la sexualité. Une véritable révolution sexuelle, parallèle à une révolution culturelle, s'amorce peut-être. Quasi subrepticement. Surtout, cette révolution fait appel à des motivations tout autres que l'incitation à la consommation ou la seule recherche de sensations, sans pour autant exiger un retour à la tradition. Aussi, elle exige une rupture à la fois avec l'ancienne éthique rigoriste et avec l'idéologie narcissique du «chacun pour soi» qui a caractérisé la première révolution sexuelle. La seconde partie du présent essai est consacrée à ces nouvelles perspectives. Qu'on n'y voit d'autre prétention que celle de nourrir la démarche de ceux et celles qui aspirent à une société plus humaine, une société libérée non pas seulement de ses tabous mais aussi de ses dogmes et de son conformisme, dont la sexualité obligatoire et performante des dernières décennies n'est qu'une des multiples variantes.

La perspective adoptée dans ce livre pourra sembler polémique, parfois même pamphlétaire. Peut-il en être autrement dès lors qu'un sujet aussi

controversé et aussi chargé de valeurs est abordé? É-
cartant la tentation de «faire universitaire», j'ai
opté pour le style vif et libre de l'essai. Mon unique
prétention: m'adresser sans détour à ceux et celles
qui, comme moi, s'interrogent sur la sexualité contemporaine et souhaitent maintenant une libération de la tendresse.

Voilà donc annoncé le programme de ce livre. A la fois, il renvoie au passé (la fausse libération sexuelle), au présent (les autres mutations
qui s'amorcent) et au futur (la nouvelle éthique à
instaurer). S'il traite d'épineux problèmes liés à la
sexualité contemporaine, cet ouvrage ouvre aussi
des pistes et propose des solutions. La lucidité de
mise en cette époque ne doit pas empêcher l'espoir
et l'engagement de fleurir. Seule la vie sauve la vie.

PREMIÈRE PARTIE

LA RÉVOLUTION
SEXUELLE EN QUESTION

«On ne doit pas seulement apprendre à jouer son rôle sexuel, mais s'assurer en même temps qu'on peut le faire sans s'abandonner à la passion ni à un engagement inconvenant – ce dernier pouvant être interprété comme l'exercice d'une exigence malsaine sur la personne du partenaire. L'individu victorien cherchait à se procurer l'amour sans tomber dans la sexualité; l'individu moderne cherche à se procurer la sexualité sans tomber dans l'amour»

Rollo May, *Amour et volonté*.

QUELLE RÉVOLUTION ?

Un soir de mars 1954. Lorsque mes parents entendirent les vagissements de leur premier-né, ils ne se doutaient de rien. Ma mère ignorait que deux savants américains étaient au même moment en train se mettre au point une pilule contraceptive qui changerait la vie de millions de femmes. Mon père ne connaissait pas encore cette nouvelle revue américaine, au titre évocateur de *Playboy*, dont le quatrième numéro venait de paraître. A cette époque, une famille moyenne comptait quatre enfants; les nouveaux mariés qu'étaient alors mes parents auraient-ils prédit n'en avoir que deux? Étrangère à

15

eux était l'idée même du divorce, à ce moment-là rarissime. Pourtant, ils seront parmi les 14,379 québécois qui y auront recours en 1979. Ma mère, qui s'était récemment fait réprimander par des policiers pour avoir porté des shorts dans la rue, aurait-elle cru qu'un jour des filles danseraient complètement nues dans des centaines de bars? Mon père pouvait-il seulement imaginer que des films plus osés encore que ceux de Jayne Mansfield ou de Marilyn Monroe seraient non seulement projetés au public mais pourraient même être visionnés par tout un chacun à domicile? Sûrement pas! Et moi qui, ce soir-là, pleurais à m'époumoner, comment pouvais-je savoir que j'allais désormais grandir en même temps que cette révolution des moeurs qui, sans que personne ne s'en doute encore, était déjà commencée?

Ceci dit, ce qu'on a appelé - et ce que j'appellerai moi-même, non sans réticence comme on le verra - la révolution sexuelle ne ressemble en rien à un phénomène unitaire. En effet, ce n'est pas un é-vénement ni même une série d'événements précisément datés et géographiquement repérables, comme peut l'être une révolution civile par exemple. Mutation au niveau des moeurs, elle s'apparente davantage à une transformation culturelle et sociale, comme la Révolution tranquille québécoise par exemple. Comme cette dernière, avec laquelle elle est d'ailleurs quelque peu parente, elle ne peut être comprise que lorsque resituée dans son développement et sa durée - soit environ trente ans - et analysée en fonction des contextes socio-politique, historique, économique, culturel et psychologique dans lesquels elle a puisé.

Quels sont les facteurs qui, conjugués ensemble, ont permis l'émergence d'une révolution sexuelle en cette deuxième moitié de notre siècle? Ils apparaissent multiples et multiformes, sans compter qu'il est difficile de distinguer les causes des effets tellement les interactions et les rétroactions entre ces facteurs sont complexes. C'est, en fait, la conjonction de profondes modifications démographiques, socio-économiques, scientifiques et culturelles qui va permettre l'éclosion de cette révolution sexuelle. Voyons brièvement comment.

Le *baby-boom* de l'après-guerre a atteint son sommet au milieu des années cinquante. L'indice de fécondité est alors, au Québec, tout près de quatre enfants par femme en âge de procréer. Par la suite, ce nombre ne fera que décliner. Il est actuellement moins de 1,5. Première caractéristique, donc: les couples contemporains de la révolution sexuelle auront moins d'enfants que leurs prédécesseurs... mais, comme nous le verrons, pour des raisons qui n'ont le plus souvent pas grand chose à voir avec la sexualité.

A compter de la fin des années cinquante, le marché du travail attire de plus en plus de femmes. Travail à temps partiel, emplois de bureau, offres d'emploi dans les industries et les usines alors en plein développement: la main-d'oeuvre féminine est en demande. Elle répond d'autant mieux à cette sollicitation que la société de consommation multiplie ses appels. Télévision, réfrigérateur, cuisinière électrique et autres appareils ménagers, sans oublier l'automobile familiale, ne sont désormais plus des biens de luxe. La course à l'élévation du niveau de vie, que la publicité télévisée fait entrer dans presque tous les foyers, a ses contrecoups: les couples désirent moins d'enfants à nourrir et, pour suppléer aux ressources limitées du mari, le travail à l'extérieur de l'épouse devient nécessaire. Le modèle traditionnel, papa travaillant à l'extérieur et maman à la maison, s'effrite doucement et un couple constitué de parties davantage autonomes commence à émerger, grâce à la capacité et à l'indépendance financières accrues des femmes. Pas surprenant que le nombre de célibataires se mette alors à augmenter, passant de moins de 10% à la fin des années cinquante à plus de 30% de nos jours, ni que le taux de divorce décuple. Lorsque chacun et chacune peut gagner son propre pain et se débrouiller seul (car il a bien fallu que les hommes l'apprennent), l'incitation au mariage régresse.

Autre phénomène de poids: la percée, à la toute fin des années cinquante, des méthodes contraceptives. L'apparition de la pilule anovulante (mise en marché en 1960) et le perfectionnement du stérilet (produit en matière plastique depuis 1959), qui constituent à eux seuls 40% des moyens contraceptifs utilisés au Québec, ont sans aucun doute amenuisé le lien entre sexualité et reproduction. Ce clivage jouera pour beaucoup dans l'élaboration du nouveau discours et des nouvelles attitudes individuelles à l'égard de la sexualité et des partenaires sexuels.

Grâce encore aux technologies nouvelles, le nombre d'heures de travail diminue, procurant ainsi aux individus du temps de loisir qu'il leur faut occuper. Ceci ne sera pas sans effet sur leur vie privée, y compris sur leurs préoccupations émotives et sexuelles. De même, la nécessité d'une scolarisation plus poussée produira des citoyens du «village global»: la Terre devient un grand village à l'intérieur duquel un flot d'informations circule. Ainsi, les enquêtes statistiques sur la sexualité humaine, inaugurées par les célèbres rapports du docteur Kinsey à l'aube des années cinquante, nous apprendront au fil des ans que les pratiques de nos contemporains sont plus diversifiées que nous ne le pensions et que, par delà les interdits et les préceptes religieux, la sexualité demeure une réalité pluraliste.

Puisqu'il vient d'être question de religion, comment ne pas souligner combien la baisse du sentiment religieux a pu avaliser la permissivité caractéristique de la révolution sexuelle. Il y a trente ans, la majorité des Québécois pratiquaient une religion, très majoritairement la religion catholique; aujourd'hui les pratiquants constituent une minorité. La morale religieuse, de plus en plus anachronique et en rupture avec les comportements réels (notamment en ce qui concerne la contraception), a été délaissée: par quoi a-t-elle été remplacée? La morale séculière, qui graduellement s'est substituée à la précédente, est celle des «experts» de tous genres qui, non plus au nom de Dieu mais en celui de la science, édictent maintenant les normes et les règles sexuelles. Psychiatres, sexologues, psychologues, médecins, infirmières, travailleurs sociaux, sociologues et même avocats, voilà vers qui on se tourne désormais pour connaître les vérités de la sexualité. Une nuance: je ne serais guère surpris que les marchands de sexe, profession originale issue de la révolution dont il est question, les aient cependant surpassés en influence... et en profits. Nous en reparlerons.

Le tableau que je viens de brosser à grands traits est sommaire; nous aurons l'occasion d'y revenir. Pour le moment, qu'il suffise de rappeler combien il serait tout aussi simpliste de vouloir ramener la révolution sexuelle à quelques événements particuliers que d'y voir les effets très rationnellement provoqués par des pouvoirs occultes, qu'ils soient de gauche ou de droite. La réalité est infiniment plus complexe et, surtout, plus dynamique.

Témoin des aléas de ce phénomène à l'aube duquel je suis né, j'ai donc voulu me pencher sur cette fameuse révolution sexuelle. Qu'ont apporté trente années dites de «libération sexuelle»? Quel type d'hommes et de femmes a-t-elle engendré? Mais aussi: d'où provient cette mutation des moeurs sexuelles occidentales, quelle est sa nature et surtout quels intérêts sert-elle? Voilà quelques-unes des questions qui m'ont préoccupé et auxquelles j'ai entrepris de trouver une réponse. Le métier que j'exerce n'est pas étranger à mes préoccupations. Travailleur social oeuvrant principalement auprès de jeunes abusés sexuellement, d'adultes abuseurs, de jeunes prostitués, et de personnes aux prises avec des problèmes reliés à leur orientation, à leur identité ou à leurs pratiques sexuelles, je suis quotidiennement confronté aux suites de la révolution sexuelle. Comment rencontrer des centaines de personnes aux prises avec divers problèmes affectifs, sexuels et sociaux sans s'interroger sur les origines non seulement individuelles mais sociales et culturelles de leurs difficultés existentielles? Ce fut bientôt une des questions que je me posais régulièrement: la prétendue révolution sexuelle a-t-elle rendu les gens plus heureux? A-t-elle vraiment changé des choses? Lesquelles? Les adolescents d'aujourd'hui seront-ils plus épanouis, une fois adultes, que ceux d'hier? La libération sexuelle a-t-elle été un mythe ou une réalité?

Forcément, je me suis donc aussi référé à ma propre expérience tout au long de ces trente et quelques années vécues sous l'influence de la libération sexuelle. Car de cette révolution, que nous y adhérions ou pas, nous avons tous été à la fois les acteurs et les spectateurs. Bien qu'à des degrés divers, elle nous a tous atteints ou concernés. Elle a changé nos vies et, plus encore, nos façons de concevoir la sexualité, l'amour, le couple, les autres, bref l'existence elle-même. Aussi ne vaut-il pas la peine de nous arrêter quelque peu sur les principes et les conséquences de la libération sexuelle? Pour faire le point sur elle et sur nous.

La panique causée par l'expansion de l'herpès puis du SIDA (syndrome d'immuno-déficience acquise) parmi la population [1] a fait prédire à plus

---

(1) Selon les services de santé américains, il y aurait aux États-

d'un observateur que la révolution sexuelle était maintenant terminée. Je ne partage pas cette opinion. Sans doute la promiscuité sexuelle n'est plus autant idéalisée et les gens s'inquiètent davantage de leur santé... et de celle de leurs partenaires. Mais quant au fond rien n'a vraiment changé. Le sexe est toujours un produit de consommation: à preuve, la vogue des agences de téléphones érotiques où, à l'abri désormais de tout contact épidermique, on vous propose de répondre à tous vos phantasmes et de vous faire jouir par téléphone en moins de vingt minutes. Inaugurées alors que l'herpès faisait des ravages, les entreprises de sexe téléphonique n'ont fait que se multiplier et décupler leurs profits avec la venue du SIDA. Le sexe demeure rentable.

Le SIDA ne signifie nullement la fin de la révolution sexuelle, mais amorce plutôt certaines mutations dans ses manifestations. Si le sexe anonyme est davantage perçu comme un risque, le sexe n'en reste pas moins une valeur en soi. Angoissés par le phénomène SIDA, certains libérés d'hier vous diront qu'ils se privent maintenant de sexualité. Mais

---

Unis seulement au moins cinq millions de personnes atteintes de l'herpès génital. Quant au SIDA, on recensait plus de 20,000 cas à l'été 1986, dont la moitié étaient déjà morts. Parmi les «populations à risque», on retrouve surtout les personnes ayant beaucoup de partenaires sexuels. Bien qu'identifié en premier lieu à la communauté homosexuelle, le SIDA touche toutes les catégories de population. Le sang et les sécrétions corporelles seraient, dans l'état actuel des connaissances, les vecteurs de contagion du SIDA.

ils n'ont pas changé de philosophie de vie. Sans compter qu'un grand nombre de personnes ne sont pas loin d'associer la mise en garde contre le virus à une campagne anti-sexuelle de la droite, et refusent encore allègrement de changer leurs comportements sexuels. «*Il faut bien mourir de quelque chose!*» C'est ce qu'on vous répondra si vos inquiétudes se font trop insistantes.

Mise en garde: certains ne manqueront pas de penser, d'emblée, que ma démarche témoigne d'une nostalgie du «bon vieux temps» (l'ai-je même vraiment connu?) ou de la bonne vieille «morale traditionnelle» (que j'abhore). Qu'ils se rassurent, je n'ai nullement l'intention de pourfendre la ci-devant révolution sexuelle au nom de la morale traditionnelle, de la famille ou de la patrie. Préférant encore traquer le dogmatisme et combattre l'intolérance, je ne saurais avoir le dessein de les pratiquer moi-même. Au contraire, c'est plutôt une certaine sympathie pour les idées et les attitudes véhiculées dans le sillage de la révolution sexuelle qui a déclenché ma réflexion. M'étant identifié à plus d'un de ses slogans, je ne m'en suis senti que plus à l'aise pour l'analyser et la critiquer. D'autant plus que, comme bien d'autres j'en suis certain, j'ai été de plus en plus désenchanté par la tournure de cette «révolution» là. Exploitation croissante du sexe par le sexe, imposition de modèles de comportement différents certes mais tout aussi rigides que les précédents, assimilation constante de la liberté à l'individualisme, voilà des résultats que je considère particulièrement navrants. Le projet initial me semblait être bien différent. Ai-je été dupe?

Si le regard que je jette sur notre passé récent et sur notre présent semble souvent désabusé, il n'est pas pour autant fataliste. Car j'ai toujours cru au changement individuel et social novateur et je continue d'y croire. Simplement, j'ai le sentiment que la libération sexuelle «première vague» n'a jamais été ce qu'elle prétendait être: une révolution. Mais bien plutôt une libéralisation contrôlée qui, si elle a manifestement transformé la société, n'en a jamais vraiment menacé les assises tant idéologiques qu'économiques ou politiques. Le philosophe Herbert Marcuse n'a-t-il pas lui même déclaré:«*A côté de l'expression d'une sexualité plus libre qui s'oppose à la fois au principe de rendement, au travail aliénant et à l'idéologie répressive, il faut distinguer les fausses libérations et les faux rêves. On en trouve des exemples frappants dans l'industrie Playboy avec la commercialisation du corps, en particulier du corps de la femme comme symbole universellement monayable de la sexualité*» (Le Monde, mai 74). Enfin, on ne manquera pas de constater que les traits que j'identifie à la révolution sexuelle ne sont souvent pas nouveaux et font, depuis longtemps, partie de la diversité des moeurs humaines. L'originalité consiste plutôt en ce que ces attitudes et ces comportements sont désormais délibérément systématisés, proposés ou imposés comme modèles de nouvelle *normalité*. La nouvelle sensibilité touche non seulement les attitudes et les comportements sexuels de nos contemporains mais leur façon de penser leur sexualité et, de là, leur conception des autres. Et c'est bien là, surtout, que quelque chose a changé: dans notre rapport à nous-mêmes et aux autres à travers la sexualité.

UNE BONNE AFFAIRE

Muni des 600 dollars qu'il venait d'emprunter, le jeune rédacteur publicitaire du nom du Hugh Heffner n'avait qu'une idée en tête: lancer sa propre revue. Son objectif: une qualité de texte comparable à *Life* ou à *Esquire*, des photos tout au moins aussi explicites que celles qu'on retrouvait alors dans les revues pour nudistes et naturistes, enfin la sexualité truculente des petits journaux salaces vendus sous le comptoir. Son expérience était prometteuse. Il avait déjà travaillé pour *Esquire* , puis pour un groupe de magazines naturistes et il était un bon consommateur des *girlie magazines* (journaux qui avaient initialement approvisionné en phantasmes les soldats américains de la guerre 39-45). Le premier numéro de *Playboy*, titre de la nouvelle revue, se vendit à 53,991 exemplaires durant novembre et décembre 1953. Heffner était fou de joie. Aurait-il soupçonné que vingt ans plus tard, *Playboy* tirerait à sept millions d'exemplaires? Et que ce qu'on appellerait bientôt l'empire Playboy allait s'étendre aux clubs de nuit, au cinéma, à l'hôtellerie, à la vidéocassette et à la télévision payante?

L'aventure de Playboy illustre notamment ce-ci: la soi-disant révolution sexuelle aura été avant tout une libéralisation du marché de la sexualité. L'industrie du sexe, officielle ou clandestine, génère aujourd'hui entre 12 et 50 milliards de dollars de revenus en Amérique du Nord seulement, d'après les estimations du Comité spécial d'études sur la pornographie et la prostitution qui a remis son rapport en 1985 au gouvernement canadien. Le sexe rapporte. Beaucoup. Lorsque hommes d'affaires, marchands et monde interlope comprirent qu'il y avait là recettes à faire et que le filon était sous-exploité, ils donnèrent un des coups d'envoi de la révolution sexuelle en inaugurant le marché du sexe. Et ce marché est devenu colossal: des revues du type *Playboy* , il en existe maintenant des dizaines, dont certaines ont des tirages plus élevés encore que leur précurseur, des centaines de cinémas spécialisés dans la pornographie attirent des millions de spectateurs chaque année, et si leur popularité respective semble avoir diminué ces dernières années, c'est au profit de la télévision payante et surtout de la vidéocassette, qui sont en pleine expansion. Sans oublier les bars de danse nue (plus de trois cents au Québec), la prostitution des femmes et des jeunes (plusieurs milliers à Montréal) et la pornographie artisanale qui souvent l'accompagne, le lucratif marché de la drogue qui met en condition tout ce beau monde[1] , les sex-shops, etc. Et je ne parle pas de la traite des femmes, des adoles-

---

(1) Comme par hasard, la Fondation Playboy a financé un groupe de pression pour la légalisation de la marijuana.

cents et même des enfants à des fins sexuelles, même si je sais que cela n'existe pas que dans les livres, car on ne me croirait pas.

Mais comment donc en sommes-nous arrivés là? L'histoire commence en fait, de façon presque anodine, pendant les années vingt. Les «années folles» qui suivirent la première guerre mondiale allaient asséner un dur coup à la morale victorienne qui régnait depuis plus d'un demi-siècle. Mais entendons-nous bien: cette remise en question de la morale puritaine est principalement le fait d'une certaine élite. Bourgeois, aristocrates, professionnels libéraux, sont ceux à qui leurs privilèges de classe permettent de se démarquer des normes morales jusque là dominantes. Certes, les comportements mis à la mode à l'époque - infidélité, désinvolture à l'endroit des partenaires amoureux, valorisation du plaisir, etc. - ne sont guère nouveaux; ce qui diffère, c'est l'absence d'hypocrisie ou de camouflage, bref la liberté, sinon l'ostentation qui accompagnent ces comportements.

La période qui suit la seconde guerre, en propulsant la production et la consommation de masse, permet d'étendre à la population en général ces moeurs sexuelles jusqu'alors identifiées à une certaine élite. La nouvelle morale se propage d'autant plus aisément qu'elle n'est guère éloignée des idéaux de l'*American way of life* alors en pleine expansion dans les pays occidentaux. Individualisme, performance et consommation: trois injonctions qui se trouvent au fondement même de la société américaine et qui, curieuse coïncidence, se rencontrent au coeur de la révolution sexuelle qui s'amorce au début des années cinquante. Il s'agit donc davantage d'une continuité que d'une rupture historique: la logique de la culture ambiante est tout simplement étendue au domaine de la sexualité, la morale ancienne ne correspondant plus aux nouveaux impératifs de la *rentabilisation* du sexe par le sexe.

S'instaure ainsi dès les années cinquante une modernisation du marché de la consommation, lequel englobe désormais le champ de la sexualité. Aux valeurs conservatrices des élites traditionnelles se substituent graduellement les valeurs plus libérales, et surtout plus rentables, des nouvelles élites. La lutte pour l'ouverture du marché sexuel n'oppose pas tant frustrés et libérés, pudibonds et éclairés , que deux fractions différentes de la bourgeoisie dirigeante: l'une s'identifie aux valeurs conservatrices qu'elle entend défendre et l'autre devine son profit financier et personnel dans l'ouverture et la conquête du continent *sexualité* . En effet, outre l'aspect monétaire, le profit personnel de l'instauration d'une nouvelle morale n'échappe pas à l'élite libérale: elle y guette l'occasion de se défaire des carcans imposés par des aînés souvent puritains.

Nulle surprise, dès lors, que le modèle de libération sexuelle promu par ces hommes soit à leur image et que, loin de s'affranchir de l'argent, du pouvoir ou de l'artifice, il les incorpore d'emblée. Pas étonnant que l'empire Playboy, soi-disant leader de la libération sexuelle, ait été une usine à stéréotypes (la *bunny* versus le *don juan*) et ait donné lieu

28

à leur exploitation tant par les magazines que par le cinéma, les clubs de nuit, sans oublier les gadgets de toutes sortes.

Théodore Roszak a bien résumé l'essence de cette libération-là dans son livre *Vers une contre culture* :

> «*Elle est la récompense accordée aux supporteurs complaisants du statu quo: avant de pouvoir être un séducteur accompli, notre candidat playboy doit être un serviteur fidèle.* Il ajoute: «*En outre, la sexualité style playboy est idéalement insouciante, folâtre et indifférenciée. C'est la sexualité anonyme du harem. Elle n'implique pas d'attachements fidèles, personnels, de nature à détourner les responsabilités essentielles de l'individu - lesquelles concernent son entreprise, sa carrière, sa position sociale et, plus généralement, le système. Le parfait playboy exerce une carrière en dehors de quoi rien ne l'engage vraiment: pas question de foyer, de famille, d'amour qui divise douloureusement le coeur. En dehors de son travail, la vie se passe sous le signe d'une opulence imbécile et d'orgasmes impersonnels*»[2].

Les innombrables films de James Bond, qui ont connu un tel succès depuis une vingtaine d'an-

---

(2) T. Roszak, *Vers une contre culture*, éd. Stock, 1970.

nées, illustrent très bien pareille logique. Le héros est entouré de jolies filles qui sont rarement davantage pour lui que des bibelots ou des occasions de baiser: tout ce qui compte pour lui, c'est d'accomplir sa mission, dût-il sacrifier la femme avec laquelle il vient de se satisfaire. Et on nous présente cet homme comme le prototype même du séducteur...

A y regarder de plus près, ladite révolution sexuelle ressemble moins à une libération de la sexualité qu'à une rentabilisation de la frustration et de la répression sexuelles. En ce sens, l'hypothèse d'une sexualité de plus en plus subtilement réprimée et celle d'une sexualité de plus en plus libérée se valent; elles se complètent même. En effet, seule l'existence et le maintien d'une certaine répression peuvent entretenir la frustration sexuelle qui sera simultanément exploitée à travers le lucratif marché de la sexualité.

Cependant, le marché du sexe «libère» aussi jusqu'à un certain point, les formes de sexualité qu'il offre. En exposant, en louant ou vendant du sexe, ceux qui en font commerce (que ce soit par le biais des revues érotiques ou pornographiques, de la prostitution, de la nudité commerciale, etc.) permettent aux consommateurs d'avoir accès à un produit bien réel. Certes, le consommateur n'aura droit aux photographies, aux vidéos ou aux danseuses qu'il désire que contre rétribution. Mais l'important pour lui est d'obtenir le produit ou le service sexuel qu'il veut. Qu'il paie en retour n'enlève rien à la satisfaction du moment. Souhaite-t-il renouveler l'expérience? Il a intégré la logique du marché:

pour se libérer sexuellement, ou en avoir l'illusion, il faut payer. Comme l'a écrit le politicologue Dennis Altman, «*Il est ironique qu'à mesure que nous avons semblé devenir plus libres sexuellement, nous sommes devenus plus dépendants d'institutions commerciales pour nous procurer les moyens d'exprimer cette liberté*»[3]. Circonscrire la sexualité libérée dans les ghettos-enclos que sont les cinémas pornos, les bars de danse nue, les lieux de prostitution, les *sex shops*, les salons de massage et les saunas, est le moyen le plus sûr pour la maintenir à l'écart du reste de la vie. Au mieux, elle est dès lors perçue comme une activité de loisir monnayable.

Si les entrepreneurs du sexe sont prêts à nous vendre tout ce que nous pourrions imaginer et plus encore, ils ne *libèrent* leur marchandise qu'avec calcul. Car pour maintenir la demande et la valeur d'un produit, quel qu'il soit, il faut qu'il y ait *rareté* relative de ce produit: c'est là une loi économique élémentaire, que les magnats du pétrole ne sont pas les seuls à avoir comprise. Le marché du sexe rapporte précisément parce que la sexualité n'a jamais été vraiment libérée et que la frustration, la misère et l'aliénation sexuelles des uns et des autres constituent un marché énorme de besoins insatisfaits. Besoins légitimes d'affectivité et de sexualité ou besoins suscités par le conditionnement idéologique du marché sexuel, là comme ailleurs ce ne

---

(3) D. Altman, *The Homosexualisation of America*, St. Martin's Press, 1982.

sont pas les besoins qui manquent. En ce sens, la sexualité est rare, c'est-à-dire que la demande sexuelle restera toujours supérieure à l'offre qui en est faite. D'autant plus que cette demande est exacerbée par une société individualiste qui pousse chacun à s'isoler ou à devenir insensible aux autres et par un martelage idéologique qui invite à consommer de la beauté, des corps ou du sexe comme des produits. La vraie libération des individus et, par voie de conséquence, de leur sexualité constitue donc en réalité une menace pour le marché sexuel. Quel gadget trouvera-t-on à vendre à des gens dont les besoins amoureux et sexuels sont comblés?

Le résultat le plus pernicieux de la fausse libération sexuelle n'est pas d'avoir mis plus que jamais le sexe à l'enchère, mais bien qu'il soit réduit à cette seule dimension: un produit de consommation. Lorsque la sexualité ne représente plus qu'un produit, il n'est pas trop difficile de traiter ceux et celles qui l'incarnent comme des objets. La majorité des jeunes (garçons et filles) et des femmes qui ont été employés dans le secteur de la pornographie, de la danse nue ou de la prostitution le confirment: ils/elles n'ont pas été traité/es comme des personnes mais comme des objets, comme du bétail. Mais il y a plus encore: en faisant de certains jeunes et de certaines femmes des objets consommables à volonté (ou presque, à condition de payer le prix bien sûr!), c'est *tous* les jeunes et *toutes* les femmes qu'on réduit à l'état d'objets susceptibles d'être sexuellement consommés.

Ceci dit, on me permettra de faire une parenthèse à propos du concept d'objet sexuel qui est souvent galvaudé, ce qui a fait dire à bien des hommes qu'on leur reprochait presque d'être attirés par des femmes! Il importe de distinguer entre le fait de traiter quelqu'un comme un objet sexuel à sa disposition et l'attitude tout à fait légitime qui consiste à voir en autrui un sujet sexué susceptible de devenir un partenaire amoureux ou sexuel. Malheureusement, l'idéologie de la fausse libération sexuelle a plus souvent encouragé la première attitude que la seconde.

Déclenchée par les représentants masculins d'une certaine élite, il n'est finalement pas surprenant que la soi-disant libération sexuelle des trente dernières années ait profité précisément aux hommes, et en particulier à ceux des classes sociales les plus favorisées. Qui d'autre avait la possibilité non seulement de lancer des entreprises spécialisées dans le sexe mais encore de payer pour consommer les produits et les services sexuels offerts? Si les femmes et les jeunes n'ont guère profité de cette libération c'est parce que, d'une façon générale, ils ne détenaient pas l'argent et le pouvoir donnant le privilège de se libérer et parce qu'ils furent très souvent les victimes de cette consommation travestie en libération, puisque les produits apprêtés de toutes les façons et offerts à la consommation, c'étaient eux! A tout le moins, ils y auront gagné (bien chèrement) l'opportunité de participer à l'idéologie dominante de la pseudo-libération et de chercher à leur tour à en tirer avantage.

LE MARCHÉ DU DÉSIR

Fernand est un ouvrier au début de la cinquantaine. Timide, il n'avait encore jamais consulté pour son «problème», bien que cela le préoccupe depuis un certain temps. Ce problème, il me l'explique en ces termes: trop gauche pour courtiser les femmes qui lui plaisaient, il a pris l'habitude, vers l'âge de vingt-cinq ans, d'aller voir des films érotiques afin d'assouvir son intérêt et ses phantasmes. Rapidement, il est devenu dépendant de cette activité. Lorsque je le reçois en entrevue, cela fait plus de vingt ans que machinalement, presque tous les soirs après son travail, il va voir des films pour s'exciter. Evidemment, et c'est bien là son drame, cet emploi du temps l'a jusqu'à présent empêché de fréquenter qui que ce soit! Aussi, souffre-t-il d'une solitude dont il ne voit pas la fin. De relations amoureuses, il n'en a jamais connues; quant aux relations sexuelles qu'il a eues, et qu'il estime lui-même fort insatisfaisantes, elles se limitent à quelques contacts furtifs dans les toilettes des cinémas. Fernand voudrait maintenant vivre autre chose, mais il se demande s'il en sera capable, s'il n'est pas un peu tard. Alors qu'il a vu des centaines de films dits érotiques ou pornographiques, dont plusieurs des dizaines de fois, alors qu'il a vu à l'écran plus d'activités sexuelles que la majorité d'entre nous n'en verrons jamais, il éprouve une profonde frustration. Est-il seulement plus «libéré» qu'un ouvrier semblable à lui l'eut été, cinquante ans plus tôt, sans ces cinémas et ces films?

La plus grande originalité de la révolution sexuelle commerciale fut sans doute de tabler à la fois sur la répression de la sexualité et sur sa libéralisation. Mais qu'on ne s'y méprenne pas: répression et libéralisation qui font l'objet d'un subtil dosage et, par un curieux paradoxe, se retrouvent intimement associées au succès du marché sexuel. Pas question de revenir à la répression puritaine aveugle, mais pas question non plus de libéraliser la sexualité en toute innocence. Plutôt: maintenir une répression suffisante de la sexualité *sauvage* , c'est-à-dire non monnayable ou non rentable, et orienter les frustrations vers le marché spécialisé du sexe. La sexualité *libérée* c'est donc d'abord la sexualité payante; il s'agit ni plus ni moins d'une libéralisation orientée à des fins mercantiles.

L'existence des bars de danseuses et de danseurs nus illustre à merveille ce phénomène. En Amérique du Nord, il est défendu de s'exhiber nu dans tout autre endroit public sous peine d'encourir les sanctions de la loi. Mais *une fois dûment payés vos droits d'entrée ou vos consommations* dans n'importe quel bar de danse nue, vous pouvez sans problème jouir – le mot n'est parfois pas trop fort – du spectacle de corps féminins ou masculins, selon votre préférence, étalés dans toute leur intégralité. Etre surpris en train de contempler des gens nus pourrait, en tout autre lieu, vous valoir des ennuis, et vous faire à tout le moins taxer de voyeurisme, mais ici aucun danger. L'argent déboursé lave l'offense. Il est d'ailleurs symptômatique que les seules autres exceptions à la règle en matière de nudité publique s'appliquent aux campings et plages pour nudistes ou, plus récemment, aux théâtres d'essai où, là encore, on est admis contre rétribution. De nudité gratuite, point! La nudité publique sera payante donc morale, ou spontanée donc immorale. Les clients eux-mêmes (et, plus minoritaires, les clientes) des clubs de danse nue se rendent-ils compte de la duperie? Lorsque la nudité des autres devient un produit, il est bien évident que nul bon *money maker* n'a avantage à libéraliser autre chose que le droit de consommer ce produit ou, inversement, le droit d'être soi-même consommé, une fois nu, comme objet sexuel. Aussi bizarre que cela puisse paraître, plus de trente années dites de libération sexuelle n'ont guère rendu la nudité plus naturelle qu'elle ne l'était auparavant. Il semble même que des reculs aient été enregistrés. Par exemple Outremont, une des villes les plus cossues de l'île de Montréal, a voulu récemment interdire sur son territoire le port public de... maillots de bain. Le dégoût puritain du corps n'est donc pas mort! Seul changement significatif: le corps nu, en particulier s'il répond aux canons de beauté du moment, est devenu un bien à exploiter et un produit à consommer. Mais il doit, pour ce faire, demeurer dans les enclos payants prévus à cette intention...

Paradoxalement, ce qu'on a appelé la libération sexuelle aura permis de rentabiliser la répression sexuelle et ses effets. Afin de perdurer, la consommation sexuelle exige l'entretien d'une certaine frustration sexuelle qui pousse les individus à consommer en permanence pour calmer leur état de manque, que celui-ci soit réel ou conditionné. Beaucoup en viennent même à dépendre du marché sexuel (revues, films, vidéos, danseurs/euses, prostitution, etc.) pour trouver leurs satisfactions sexuelles. Et c'est bien là le piège du marché engendré par ce qu'on a appelé la libération sexuelle: maintenir les individus dans leurs frustrations, voire augmenter ces dernières par tout un conditionnement idéologique (par exemple: «*Il faut baiser pour être heureux, un vrai homme doit faire ceci, une vraie femme doit faire cela*», etc.). Plus encore, un savant culte de l'interdit permet désormais de le rentabiliser: viol, inceste et abus sexuels, sont souvent présentés dans le matériel pornographique comme source suprême d'excitation.

La satisfaction procurée par la consommation d'objets ou de services sexuels ne peut être qu'éphémère; elle ne débouche sur aucune relation significative réelle, amoureuse ou sexuelle, avec des partenaires. Ce qui est vendu, c'est du phantasme, de l'illusion, du provisoire. Ce qui s'applique au marché de consommation en général est plus que jamais vrai en ce qui concerne le marché sexuel: c'est un monde d'éphémère. La sexualité-consommation, par l'aliénation qu'elle provoque et maintient, parachève la mise en forme de la conscience collective amorcée par la consommation de biens et services conçus comme une fuite en avant. La publicité nous l'a assez répété: consommer procure le bonheur!

Bien sûr, le désir sexuel, lui, n'a rien d'une réalité éphémère ou superficielle. Présentes comme potentiel en chacun de nous, nos pulsions sexuelles s'actualisent sous forme du désir. Mais le désir, sexuel ou autre, est fonction au moins en partie de la rareté relative de son objet. «*On érotise généralement des caractéristiques physiques ou psychologiques qu'on juge ne pas avoir soi-même, ou encore ne pas avoir suffisamment*» [1] . Le désir sexuel requiert donc la conscience d'un manque (par exemple, de sensualité, de force, de masculinité, de féminité, etc.). Ce processus est connu depuis longtemps, mais ce que la pseudo-libération sexuelle a déclenché, c'est son exploitation systématique à des fins mercantiles. Afin de vous faire désirer les produits ou les services sexuels offerts, on cherche à vous convaincre qu'ils répondent à un besoin pour vous, et que, si ce besoin n'est pas satisfait, vous serez en état de manque, donc frustré. Pourquoi alors résister au dernier gadget - des pinces à seins aux fouets de cuir en passant par les étire-pénis et les vibrateurs de toutes sortes - ou au vidéo super-excitant qu'on vous propose?

---

(1) Michel Dorais, *La sexualité plurielle* , éditions Prétexte, Montréal, 1982.

L'incitation à la consommation croissante de produits et de services sexuels finit par entretenir une véritable obsession collective. Chacun est incité à être constamment à l'affût de ses *manques* et de ses *besoins* sexuels. Obsédés par les relations sexuelles qu'ils n'ont pas, par les corps qu'ils n'ont pas vus, par les positions ou les gadgets qu'ils n'ont pas encore essayés, hommes et femmes soi-disant sexuellement libérés ne connaissent guère de repos dans leur lutte à finir avec la frustration. Le plus déconcertant est qu'ils en sortent souvent... plus frustrés encore. Témoins de ce curieux phénomène, toutes ces gens qui, après avoir fréquenté pendant des années des bars, sex-shops et lieux d'échanges sexuels de toutes sortes, après avoir eu des centaines, voire des milliers de partenaires, souffrent de solitude, d'angoisse, de vide émotif, d'incapacité à établir des relations humaines significatives. Comment s'en étonner? Vidée de son contenu émotif et relationnel, la sexualité-consommation ne mène nulle part ailleurs qu'à plus encore de sexualité-consommation. Ce qui, on l'imagine, fait bien l'affaire de ceux qui tiennent la caisse enregistreuse.

Illustrations éloquentes de cette entreprise de rentabilisation du sexe et de son implantation sournoise dans le quotidien: les radio-sexe et les courriers du coeur devenus courriers du sexe en tous genres. Ils ne visent pas véritablement à résoudre les problèmes sexuels des auditeurs ou des lecteurs, mais à donner la sexualité en spectacle. De la radio-sexualité à la danse nue ou la pornographie, le principe de rentabilité demeure. Ces radio-sexe et ces courriers du sexe ne libèrent guère leurs auditeurs ou leurs lecteurs: tout au plus ils les flattent dans leur narcissisme, leur exhibitionnisme ou leur voyeurisme et, plus souvent qu'autrement, ils ne font que proposer de nouvelles normes ou de nouveaux stéréotypes à la place des anciens modèles déclarés périmés. Les gens veulent du sexe? On leur en donnera. Mais pas n'importe lequel, comme nous le verrons au cours du prochain chapitre.

Une chose est certaine: la révolution sexuelle ne diminue ni ne satisfait les besoins légitimes de sexualité, et encore moins les besoins affectifs des individus. En fait, elle crée et entretient de nouveaux besoins.

TOUT LE MONDE LE FAIT !

Faites le test, quitte à raconter un pieux mensonge: dites à des gens que vous n'avez pas eu de relations sexuelles depuis quelques mois ou, mieux, depuis quelques années. Surveillez maintenant leur réaction. Elle ira de l'incrédulité à la stupeur. On vous questionnera pour savoir si vous êtes malade (impuissant ou frigide) et si vous en souffrez. Devant vos dénégations, on vous plaindra et on vous prendra en pitié, ou alors on vous ridiculisera plus ou moins ouvertement. Essayez, vous verrez!

La survalorisation de la sexualité constitue sans nul doute une des caractéristiques majeures des dernières décennies. Faire du sexe une entreprise lucrative exigeait en effet que la marchandise offerte soit considérée comme un bien vital. Comme on l'imagine bien, ce résultat ne fut guère difficile à obtenir. Une longue période de puritanisme avait paradoxalement préparé le terrain: réagissant à une étouffante négation de la sexualité, un nombre croissant de personnes étaient prêtes à reconnaître ouvertement son importance. On alla même jusqu'à faire de la sexualité le principe premier de l'équilibre psychique. Sigmund Freud fut le plus illustre représentant de cette tendance. Pour lui, il fallait non seulement reconnaître toute l'importance de la sexualité dans le développement individuel, donc l'analyser le plus en profondeur possible, mais encore placer le sexe au centre même de l'équilibre ou du déséquilibre psychique humain. Les écrits de Wilhelm Reich, qui ont tant servi la révolution sexuelle, reprennent et amplifient les idées de Freud. Reich conçoit l'être humain comme un contenant d'énergie sexuelle qui a besoin, pour fonctionner adéquatement, de décharger régulièrement cette énergie. Or, comme le souligne savoureusement Germaine Greer:

> «*Les idées de Reich furent adoptées par l'avant-garde des années 50 et devinrent la morale non avouée de la fin des années 60. Leurs défenseurs n'avaient aucun pouvoir politique, bien qu'ils fussent extrêmement en vue. Leurs idées influencèrent la législation et les coutumes non parce qu'elles étaient partiellement justes, mais parce qu'elle étaient adaptées à la perpétuation des mécanismes de pouvoir dans la société de consommation. Le sexe est le lubrifiant des rouages de l'économie de consommation, mais pour remplir cette fonction , la sexualité humaine doit subir un conditionnement particulier. Il faut rompre son rapport à la production, potentiellement destructeur, et éliminer ses aspects antisociaux, la passion, l'obsession, la jalousie et la culpabilité. La sexualité, compo-*

sante de la personnalité, doit être localisée et contrôlée; les fantasmes, au contraire, développés, enrichis et exploités»[1].

Il se produisit donc ce que Reich, obnubilé par sa vision d'une société uniquement répressive, était incapable d'imaginer: une culture qui, loin de vouloir anéantir le désir sexuel, allait l'exciter [2]. Comme son autre maître à penser après Freud, Karl Marx, qui n'aurait sans doute jamais pensé que les travailleurs souffriraient un jour non pas de la privation du nécessaire mais du manque de superflu vanté par la société de consommation, Reich n'avait pas prévu une révolution sexuelle au profit du système en place. Il aura été le théoricien d'une libération étrangère à son idéal et qu'il aurait vraisemblablement lui-même rejetée. Quoi qu'il en soit, présentée comme le véritable moteur de nos vies, la sexualité devint bientôt présente partout. Désormais, comprendre l'être humain implique qu'on comprenne d'abord sa sexualité, le guérir de ses maux psychiques requiert qu'on le délivre de ses frustrations ou de ses errances sexuelles.

Les services sexothérapeutiques en tous gen-

---

(1) Germaine Greer, *Sexe et destinée,* Grasset, 1986, p. 212.

(2) A vrai dire, il n'était pourtant pas si difficile de le prévoir puisque, déjà à cette époque, les études anthropologiques montraient que partout les peuples avaient recherché à stimuler le désir sexuel, fût-ce par l'interdit ou par l'abstinence temporaire.

45

res font maintenant partie intégrante des produits offerts par la société de consommation. Même scientifiquement reconnue et prétenduement libérée, la sexualité reste soumise aux dictats des experts. Qu'ils soient psychanalystes, psychiatres, sexologues ou psychologues, toute une cohorte de doctes personnes n'ont pas manqué de prendre en mains les destinées de la libération sexuelle de tous et chacun. Succédant aux prêtres et aux moralistes comme définisseurs de sexualité légitime, ces spécialistes au pouvoir grandissant nous proposent rien de moins que de nous dire, quoi faire de notre sexualité, de quelle façon et avec qui. Et tout cela, quoi qu'ils en disent, non pas tant au nom de notre bien-être personnel ou collectif qu'au nom de la science et de la normalité. En voulant nous libérer, de gré ou de force, les savants du sexe ne nous imposent-ils pas généralement de nouveaux carcans? Ne sont-ils pas, trop souvent, les alliés - en fussent-ils inconscients - des marchands qui tiennent la sexualité en laisse?

Garante de notre équilibre personnel, dit-on, la sexualité doit faire l'objet d'une attention toute spéciale. Notre développement harmonieux, sinon notre sort tout entier étant entre ses mains, il convient d'harnacher convenablement notre sexualité. Une fois convaincu de cette idée, tout honnête citoyen n'a plus besoin qu'on contrôle de l'extérieur ses comportements sexuels (par la répression) mais qu'on lui fournisse des modèles et des experts capables de l'orienter convenablement dans son cheminement psycho-sexuel (par un conditionnement compréhensif).

Résultat de trente années de libération sexuelle: l'anxiété constante de ne pas être sexuellement correct. «*Me masturberais-je trop ou pas assez? Est-ce que je fais assez souvent l'amour? Ai-je des phantasmes? Sont-ils normaux ou pas? Devrais-je les réaliser? Suis-je attirant/e? Est-ce que je fais bien l'amour?*». Voilà autant d'interrogations qui hantent hommes et femmes modernes. Comment avoir du sexe, avec qui, pourquoi, à quel moment, dans quelle(s) position(s), etc., ne sont pas des questions futiles dans une civilisation où le sexe est présenté comme LA clé du bien-être, voire de la libération personnelle.

Est-il seulement bien certain que cette attention portée à la sexualité et cette injonction faite à tous d'en faire un *bon* usage, soient si libératrices que cela? Il est permis d'en douter. Si la vision d'une sexualité bêtement réprimée ne correspond désormais plus à la réalité, celle d'une sexualité symbole de libération paraît tout aussi naïve. Si elle n'est plus autant objet de répression, la sexualité, désormais mercantilement canalisée et scientifiquement orientée, est devenue elle-même outil de répression. En effet, la libération sexuelle amorcée dans les années cinquante impose bien davantage des nouveaux modèles et stéréotypes qu'elle ne met fin aux normes arbitraires régissant la sexualité. Autrement dit, les anciens préceptes puritains sont remplacés par d'autres, en apparence libertaires, mais qui, dans la mesure où ils sont présentés comme seuls valables et épanouissants, servent à leur tour à disqualifier ceux et celles qui ne s'y conforment pas. Le contenu est peut-être différent mais le résultat demeure le même: on ne nie plus ni ne refoule autant la sexualité, mais on la socialise de telle façon que chacun s'en préoccupe comme si son salut en dépendait. Une anxiété en remplace une autre. Si on ne se soucie plus guère aujourd'hui de sa vertu, on s'inquiète volontiers de la qualité et de la quantité de ses performances sexuelles...

Une nouvelle normalité s'est ainsi graduellement mise en place. Elle consiste non pas dans le fait d'avoir du sexe ou pas, ni même d'en avoir avec tel type de partenaire ou tel autre, mais dans le fait de réagir de façon opportune au moment opportun. A la logique de l'interdiction succède celle de l'incitation. Alors que faire l'amour, comme on dit, n'est plus guère interdit, mal le faire constitue une faute grave. Dans la préface qu'il a écrite pour le livre *Les joies de la chair*, le docteur Georges Valensin nous met en garde: «*L'homme d'aujourd'hui ne se contente pas d'un assouvissement brutal de ses instincts de reproduction: après 30,000 générations, il est devenu l'homo éroticus, il prétend savourer les joies de la chair et veut être guidé en conséquence car l'érotisme ne s'invente pas, il s'apprend. Mais des informations inexactes peuvent être alors pernicieuses*»[3].

Tenons-nous le pour dit! En sexualité comme ailleurs, il importe de suivre le bon mode d'em-

_____

(3) *Les joies de la chair* , Joseph Birnbaum, éd. Sélect, 1977.

ploi, que le docteur Birnbaum et ses coreligionnaires se font un plaisir de nous indiquer. Paradoxalement, alors que la conscience individuelle est sans cesse exacerbée par la stimulation du marché du sexe et interpellée par l'idéologie de la libération, elle se trouve simultanément aliénée, sinon annihilée, par la superficialité des rapports et par la rigidité des modèles proposés (le sexisme, par exemple, atteint souvent des sommets dans le matériel sexologique ou érotique proposé au public).

A la surveillance de l'autorité ou de ses censeurs, la révolution sexuelle tend à substituer une auto-surveillance angoissée et angoissante, doublée de l'appréhension du regard d'autrui. Ce qu'il faut à tout prix: paraître décontracté, libéré, désinhibé, performant et détaché. L'opinion des autres (partenaires, amis, collègues de travail, thérapeutes, etc.) est plus que jamais déterminante afin de se savoir normal ou pas. Se sachant observés et évalués par autrui, la femme et l'homme contemporains en arrivent à une auto-surveillance anxieuse.

En fait, l'utilisation de l'auto-contrainte comme moyen de contrôle social n'est pas nouvelle: l'évolution de la civilisation occidentale reposerait sur cette dynamique, selon l'historien Norbert Elias [4] . Le processus même de civilisation implique en effet que le contrôle extérieur cède le pas à un contrôle sur soi. Cet auto-contrôle n'a rien, en

---

(4) N. Elias, *La civilisation des moeurs* , Calmann-Lévy, 1973.

49

lui-même, de négatif, au contraire, comme nous le verrons par la suite. Ce que je critique ici, c'est que cet auto-contrôle s'exerce par le biais du regard d'autrui, extérieur à soi, plutôt qu'en raison de valeurs propres à l'individu. Autrement dit, les gens n'apprennent pas à se surveiller pour être en accord avec leurs principes moraux, mais bien pour paraître conformes à l'image que les autres devraient avoir d'eux. N'existe-t-on jamais qu'à travers le regard des autres? En partie, oui. Etre apprécié pour sa beauté, sa gentillesse, son intelligence, son courage, ses réalisations, ses aptitudes, etc., voilà des aspirations légitimes. Là où cela pose un problème, c'est lorsqu'on ne se définit plus soi-même et qu'on n'est plus défini par autrui que par sa capacité à séduire. Or voilà précisément ce qu'exige de nous la mythologie sexuelle de notre temps: se définir par rapport à qui l'on veut séduire ou par qui on est séduit.

Comment alors ne pas constater que les étiquettes accolées aux personnes en vertu de leur sexualité revêtent plus que jamais de l'importance? D'abord, nous ne nous définissons guère comme des humains mais comme des hommes et des femmes, presque deux sous-espèces de l'espèce humaine tant la scission entre masculinité et féminité est tenue pour primordiale. Ce n'est pas tout: chacun de nous aurait une identité sexuelle caractéristique qui déterminerait ses comportements (personnellement, je pense plutôt le contraire: ce sont les comportements et surtout l'interprétation qu'on en fait qui donnent corps, sous la pression sociale, à une identité psycho-sexuelle)[5] . Enfin, cette identité incluraît elle-même une orientation sexuelle et, par voie de conséquences, des préférences sexuelles spécifiques, exclusives et immuables (idée absurde, là encore, avec laquelle je suis en total désaccord)[5] . Bref, l'importance accordée à la masculinité versus la féminité, à l'hétérosexualité versus l'homosexualité, et d'une façon plus générale aux désirs et pratiques sexuelles des gens dans l'idée que nous nous faisons d'eux semble déterminante. Avant d'être une personne, nous sommes un sexe: êtes-vous un homme ou une femme, hétérosexuel ou homosexuel, androphile ou gynéphile?

Suprême aboutissement de la révolution sexuelle: chacun doit désormais rechercher, reconnaître et faire savoir QUI il est sexuellement. Même les marginaux sont mieux acceptés pour peu qu'ils consentent à se présenter comme tels. Seule ombre au tableau: les indécis, les indifférents, ceux qui refusent d'être définis et de se définir par le sexe, ceux qui n'ont pas besoin de catalogues pour vivre. Car le mythe de l'identité sexuelle génère quantité de prescriptions plus ou moins rigides, censées procurer *la bonne façon d'être de la bonne identité* . Ainsi, un homme hétérosexuel sera incité à tels comportements et un homme homosexuel, à tels autres. Quant au bissexuel, il sera tout simplement incité à se *brancher* . Idem pour les femmes, bien que là les choses se compliquent un peu du fait qu'en

---

(5) Voir *La sexualité plurielle* , éd. Prétexte, 1982.

principe on reconnaît à tout homme le droit d'être sexuellement actif et d'expérimenter, alors qu'on est encore réticent à accorder le même privilège aux femmes, à tout le moins aux femmes mariées. Il suffit de comparer les magazines destinés aux hommes et ceux destinés aux femmes pour constater, si besoin était, cette disparité.

La popularité des concepts d'identité masculine ou féminine, hétérosexuelle ou homosexuelle, conçues comme polarités opposées, a donné lieu à toute une littérature, tant de gauche que de droite, à saveur tantôt machiste tantôt féministe qui non seulement célèbre mais renforce cette idée. Par exemple, il est devenu commun de dire que les hommes sont fondamentalement dominateurs et violents et que les femmes sont leurs victimes. Il est plus rare qu'on vienne à reconnaître que les hommes sont eux aussi piégés par leurs propres normes[6] et surtout par une minorité d'autres hommes qui les manipulent (publicité, médias, porno), les dominent (économiquement et politiquement) et les contrôlent (des normalisateurs-psy à l'appareil répressif, des idéologies machistes aux multinationales). Quel pouvoir les hommes ont-ils encore sur leurs phantasmes, sur leur sexualité, sur leur érotisme, bref sur leur propre vie? La question mérite d'être posée à une époque où l'idéologie machiste, sexiste, voire sado-masochiste, est omniprésente dans le quotidien masculin.

---

(6) Voir *Les hommes piégés par la porno* , M. Dorais et M. Lemay, Idées et pratiques alternatives, printemps 1984.

Certes les hommes sont aliénés dans leur sexualité, mais posons-nous alors la question: comment, par qui et dans quels intérêts? Ceci nous amène dès lors à remettre en question non pas LA psychologie masculine (à supposer qu'une telle chose existe originairement, ce dont je doute) mais plutôt les conditions dans lesquelles sont socialisés, éduqués, formés et insensibilisés les êtres du moment qu'ils appartiennent au sexe masculin.

On a beaucoup parlé, par exemple, des phantasmes masculins [7] et on les a apprêtés à toutes les sauces. Or, que sont les phantasmes, sinon une régulation, plus ou moins consciente, d'images agréables, excitantes? Mais surtout, ces images, avant de composer notre monde onirique, ne sont-elles pas tirées, apprises et sélectionnées à partir de ce que nous présente notre environnement culturel? Car l'imagination ne fonctionne pas à vide: il lui faut des informations et des stimuli, qu'elle se chargera ensuite d'enregistrer et d'agencer. Ces informations et ces stimuli proviennent majoritairement du monde extérieur à l'individu; la perception qu'il en a, par contre, est interne, subjective (bien qu'aussi déterminée en partie par les rationnels propres à une collectivité, qui servent à interpréter les stimuli issus de son environnement culturel). En mettant en scène certains phantasmes plutôt que d'autres, la pornographie et de façon générale la commercialisation du sexe ont sans doute des effets plus considé-

---

(7) N. Friday, *Les phantasmes masculins*, Robert Laffont, 1981.

rables qu'on ne le croit sur la conscience masculine et sur l'idée même de masculinité et de féminité. Car nos phantasmes, même provoqués de l'extérieur, font partie de nous!

Il y a plus encore. La sexualité devient outil de répression non seulement par le truchement des nouvelles normes (phantasmes, attitudes ou comportements) qu'on lui impose, mais encore par le fait qu'elle devient l'exutoire permis aux frusrations et aux problèmes de toutes sortes vécus par les gens. Ce n'est pas par hasard, si on retrouve la violence, l'exploitation et la domination tellement présentes dans le marché sexuel et notamment dans la pornographie, puisqu'en permettant au bon peuple de se défouler dans la sexualité, on obtient plus aisément sa docilité dans les autres domaines (le travail ou la politique, par exemple). Lorsque le sexe absorbe une partie significative des investissements en temps et en énergie, canalisant les préoccupations et les intérêts des gens, ces derniers sont moins disponibles pour s'occuper d'autres dimensions de leur existence. En favorisant la sexualité comme moyen privilégié, voire unique, d'épanouissement, la soi-disant révolution sexuelle provoque fatalement le désengagement social de ses adeptes. La survalorisation et la surconsommation du sexe ont ainsi amené quantité d'individus à ne jurer que par le sexe et à ne vivre que pour lui. Peu importe leurs autres conditions de vie: exploités ou exploiteurs, riches ou pauvres, *tous sont égaux devant le sexe.* Etonnante version du traditionnel *tous sont égaux devant Dieu* , ce qui aurait pu être le slogan de ladite révolution sexuelle fait fi de tous les autres rapports vécus par les individus. La recette n'est certes pas nouvelle: les gouvernants de toutes les époques ont compris que lorsque le peuple s'amuse, il ne leur demande guère de compte. «*Du pain et des jeux*», disaient les Romains...

Un bon exemple des visées régulatrices, voire répressives, d'une certaine libération sexuelle est donné par la récupération commerciale du mouvement gai (ou homosexuel). Déclenchée initialement par des personnes homosexuelles désireuses de s'affranchir de la violence qu'elles subissaient, du ghetto dans lequel on les enfermait et des stéréotypes réducteurs auxquels on les identifiait, la libération gaie a été récupérée en partie par le marketing et le commerce de façon à ce que la violence soit maintenant acceptée et intériorisée par les gais (vogue du sado-masochisme, par exemple), le ghetto élargie (mais toujours clos sur lui-même) et les stéréotypes inversés (le supermacho remplaçant maintenant l'androgyne). Ainsi, on a moins libéré l'homosexualité qu'on lui a imposé de nouveaux modèles, de nouveaux espaces et qu'on l'a commercialement rentabilisée (plusieurs compagnies de jeans, de cigarettes et de bière vont jusqu'à considérer cette clientèle comme un sous-marché cible).

Cet exemple illustre une autre caractéristique de la révolution sexuelle: la diversification des normes selon les catégories de personnes visées. Le but du marché sexuel étant de rejoindre le plus de gens possible dans leur intimité, il importe de spécialiser les services et les produits vendus: les pornocassettes pour les hommes, les romans de type *Harlequin* pour les femmes, les gadgets revivifiants pour les plus âgés et les vidéos-pop savamment sexualisés pour les plus jeunes, par exemple. Ainsi, on fait d'une pierre deux coups, puisqu'on produit et re-produit une diversité de modèles - il faut viser tou-tes les sous-populations cibles - tout en s'assurant d'une rentabilité maximale en exploitant leurs goûts spécifiques. A la répression sexuelle se substi-tue ainsi la régulation de la sexualité, c'est-à-dire son conditionnement par les images, les discours, les services et les produits sexuels offerts, puis l'ex-ploitation systématique des marchés conséquem-ment ouverts. Et avec quels profits!

Une chose est claire: les espaces de liberté ga-gnés par cette soi-disant révolution sont délimités et gérés par l'ordre établi. Sans doute, la morale tra-ditionnelle s'est-elle relâchée, mais la morale pro-posée par le nouveau marché de la sexualité n'en demeure pas moins tout aussi arbitraire et, surtout, impérialiste. Comme on l'a vu, les valeurs véhicu-lées par la révolution sexuelle *première vague* ré-pondent moins aux besoins ou aux aspirations de base de la population - les femmes désirent-elles vraiment être traitées en objets et les hommes tou-jours performer comme des étalons? - qu'aux impé-ratifs de colonisation idéologique de certaines élites et au souci de rentabilisation de la sexualité dès lors prétendument libérée.

LE SEXE COMME DROGUE ?

Lise, qui a aujourd'hui 35 ans, a eu depuis son plus jeune âge une existence difficile. Violée à cinq ans par un cousin puis, dans les années qui suivirent, par d'autres membres masculins de sa famille, sa perception d'elle-même et sa sexualité s'en sont trouvées très marquées. Adolescente, elle fugue de chez elle et survit à travers la prostitution. Elle aura à cette époque une fille qu'elle ne verra jamais, l'ayant donnée à adopter le jour de sa naissance. Dépressive, solitaire, Lise consomme alors beaucoup d'alcool et de médicaments: elle s'étourdit pour oublier. A dix-huit ans, elle a un second enfant, un garçon, qu'elle décide de garder avec elle. Mais cette responsabilité lui pèse. Peu après, elle rencontre un homme un peu plus âgé qu'elle, qui lui offre de l'épouser. Y voyant l'occasion de se sortir de ses problèmes, elle accepte. Il est aussi alcoolique. Lise aura deux enfants de lui avant de découvrir qu'il a des relations sexuelles avec son fils aîné. C'est alors la crise. Lise perd pied complètement. Avant de dénoncer son époux, elle aura elle-même des relations sexuelles avec son fils. Elle interprétera plus tard ce geste comme un acte de vengeance contre son mari et son enfant. Après l'intervention des services sociaux, Lise change de ville. Comme si elle voulait se prouver que la sexualité il n'y a rien de grave là-dedans, elle recommence à se prostituer, ne refuse aucune avance et boit plus que jamais. Son mari profite de sa déchéance pour obtenir la garde de ses deux enfants (l'aîné est hébergé en famille d'accueil). Quand ils atteignent l'âge qu'avait leur demi-frère lorsque son père avait abusé de lui, les mêmes événements se reproduisent. Lise se mobilise alors, déterminée à soustraire définitivement ses enfants à cet homme. Elle met fin à son alcoolisme en adhérant activement à un groupe d'entraide pour alcooliques, et remet aussi en question sa fuite à travers les rapports sexuels sans lendemain. Elle réalise que, jusqu'à présent, elle n'a vécu que des relations dans lesquelles elle est perdante et qui reproduisent toujours ses expériences antérieures. Affectivement, c'est une femme écorchée. Mais Lise est décidée à refaire sa vie, pour elle-même et ses enfants. Elle comprend que la sexualité et l'alcool jouaient le même rôle pour elle: fuir une réalité qu'elle n'arrivait pas à affronter. Dégoûtée par ses expériences antérieures et par les abus sexuels de son ex-conjoint, elle déclare aujourd'hui que ni l'alcool ni la sexualité ne remplaceront jamais dans sa vie l'affection, qu'elle apprend à apprivoiser.

«*Sex and drugs and rock'n roll*» clamait une chanson slogan de la fin des années soixante. La parenté entre la sexualité et la drogue (y inclus l'alcool) n'a rien de fantaisiste. D'abord tant l'une que l'autre font l'objet d'expériences profondément intimes et sont censées procurer plaisir et euphorie. Ensuite, toutes deux ont été assujetties, théoriquement du moins, à des limitations et des interdits qui ont parfois eu pour effet d'en rehausser l'attrait. Mais le plus significatif est que, en vertu de leurs caractéristiques, la sexualité et la drogue peuvent être perçues comme des solutions magiques aux problèmes de l'existence et devenir sources de dépendance. Comme nous le verrons, non seulement la sexualité est aujourd'hui présentée et utilisée comme une drogue permettant de se maintenir en état d'euphorie, mais encore la dépendance créée à l'égard de la sexualité cautionne les asservissements vécus dans les autres domaines de la vie sociale.

Ce n'est pas par hasard que la révolution sexuelle correspond à cette étape du développement des sociétés occidentales où l'organisation de plus en plus compartimentée du travail le prive de sens pour un grand nombre d'entre nous, et où la famille traditionnelle a cessé d'être un milieu d'appartenance. Et ce ne sont là que deux exemples, parmi tant d'autres possibles, d'institutions jadis porteuses de sens à la vie aujourd'hui inaptes, bien souvent, à remplir ce rôle. Par qui ou par quoi sont-elles remplacées?

L'artisan d'autrefois pouvait être fier de son oeuvre: cette chaise, il l'avait pensée, fabriquée, peaufinée. De même, l'agriculteur contrôlait son travail et en tirait fierté. L'ouvrier qui travaille à la chaîne de montage ou le fonctionnaire qui gère des formulaires n'ont plus accès à la totalité du produit ou du service qu'ils contribuent à faire. Très souvent toutes les étapes (création, planification, fabrication, gestion, publicité, diffusion et vente) ont été assurées par des personnes différentes, qui, au surplus, ne se connaissent généralement pas les unes les autres. Bien qu'il demeure encore l'activité première en termes de temps consacré, le travail a perdu sa capacité de donner du sens à la vie depuis la révolution industrielle, et plus encore depuis la reprise économique consécutive à la fin de la deuxième guerre. Parallèlement, l'accroissement du temps de loisir amené par la baisse des heures de travail, a augmenté le besoin de *remplir* des moments libres. Quoi de plus indiqué pour pallier l'absence croissante de sens de son travail et pour occuper le loisir qu'il permet maintenant que la recherche d'évasion et d'excitation? L'assidu des bars de danse nue ou des cinémas pornos ne pense pas autrement. La sexualité comme refuge ou comme loisir est son quotidien.

De façon similaire, certains pans de la vie privée n'ont fait que se détériorer. L'éclatement de la famille, aussi amorcé avec la révolution industrielle, s'est accentué au cours des dernières décennies. Ainsi, le taux de divorces accordés par jugement représente désormais 40% des mariages au Québec, les familles monoparentales sont de plus en plus nombreuses (environ 25% des enfants nord-américains vivent avec un seul parent, alors que dans les pays scandinaves, ce pourcentage atteint 30% et même 40%), le célibat est actuellement le style de vie d'un adulte québécois sur trois (et ce, en excluant des statistiques les veufs et les concubins, et en ne tenant pas compte des séparations de fait, nombreuses mais non quantifiables) [1] . Quant à la famille élargie d'antan, qui comprenait souvent cousins, cousines, oncles, tantes et grands-parents, elle n'est généralement plus qu'un souvenir. Les liens affectifs ont ainsi diminué sensiblement en nombre. Tout porte à croire que la qualité même des relations humaines a aussi subi le contrecoup de l'anonymat croissant de la société, tant la solitude non choisie et les maux qui l'accompagnent sont le lot d'un grand nombre de gens.

Dans une société fragmentée, impersonnelle et anxiogène, où le travail, comme la famille et l'entourage, ont perdu leur faculté de donner sens ou réconfort à la vie, l'état d'euphorie que produit la sexualité est plus que jamais perçu comme une solution à l'ennui, à l'angoisse ou aux difficultés de l'existence. Anesthésier notre conscience, procurer un bien-être physique qui permette d'oublier tout le reste, voilà ce qu'on demande au sexe. Mais qu'y a-t-il de répréhensible à cela, demandera-t-on? Rien, évidemment. Ce qui pose problème, c'est lorsque le recours au sexe comme échappatoire aux problèmes de la vie devient systématique (aucune autre solution ne paraît alors possible), source de dépendance et d'asservissement. Et c'est là le piège que nous tend allègrement la prétendue révolution sexuelle.

Il est d'ailleurs vraisemblable que, pour un

---

(1) La majorité de ces données proviennent de *Québec Statistique*, édition 1985-86, Bureau de la statistique du Québec.

nombre croissant de personnes, le sexe comme unique activité susceptible de donner du sens à la vie ait supplanté l'amour qui, historiquement, a longtemps joué ce rôle. Pallier le vide de l'existence ou l'angoisse de la mort et du néant, voilà ce que recherchaient les poètes et les troubadours médiévaux, qu'on a dit être les inventeurs de l'amour romantique. Nous demandons aujourd'hui à la sexualité de remplir ce rôle. Est-ce bien réaliste?

Envers la révolution sexuelle: le grand nombre de gens dont la vie quotidienne est axée uniquement, ou presque, sur les relations sexuelles. Paradoxalement, à vouloir absolument libérer leur sexualité, ils en sont devenus les esclaves. Ils hantent les bars, les discothèques ou les endroits publics à la recherche de partenaires possibles, à qui tout ce qu'ils demandent est de leur procurer leur ration quotidienne de sexe. Sommet: ce jeune homme qui me raconte qu'en se rendant au travail chaque matin, il ne manquait pas l'occasion d'avoir des attouchements furtifs ou encore une relation sexuelle rapide. Son heure de lunch était aussi *rentabilisée* de la sorte et dès sa sortie du bureau vers cinq heures, la préparation de sa chasse nocturne commençait. Il lui arrivait de songer sérieusement à laisser son emploi afin de se consacrer tout entier à ses activités sexuelles. Soit dit en passant, ce mode de fonctionnement ne semblait lui poser aucun problème! La raison de sa consultation? L'angoisse qu'il éprouvait du fait de sa solitude... Car de ses centaines de partenaires anonymes, il ne restait aucun partenaire affectif. Alors qu'il cherchait à l'origine à rencontrer des gens, sa quête était devenue une drogue grâce à laquelle il oubliait son incapacité croissante à entrer en contact autrement que sexuellement avec eux. Il s'était pris à son propre piège: pour avoir voulu le «plus grand choix possible» de partenaires, il avait émoussé sa capacité et son désir d'aller plus loin avec eux. Et même lorsqu'il eut compris cette dynamique, modifier quelque peu son fonctionnement lui paraissait presqu'impossible tant il y était assujetti.

Ce qui caractérise la personnalité moderne, ce n'est pas tant le refoulement qu'ont connu nos prédécesseurs que l'érosion des sentiments et de la sensibilité constatée en dépit, sinon à cause, de la libération sexuelle. Un nouveau type d'angoisse et de problèmes a ainsi connu de l'essor: le sexe comme défoulement, comme fuite en avant, ou plus précisément comme solution magique à un vide émotif et existentiel qui se nourrit lui-même. Cette solution momentanée, loin d'apporter l'apaisement escompté, entretient un état de vacuité et d'angoisse sans cesse croissante. Se crée ainsi un cercle comportemental d'autant plus difficile à rompre que la solution devient partie du problème et l'amplifie. La fuite par le sexe ne mène toujours qu'au sexe.

Après avoir étudié longuement les phénomènes liés à la toxicomanie et à l'alcoolisme, le sociologue Stanton Peele[2] en est venu à la conclusion que ce qui caractérise l'accoutumance aux drogues

---

(2) Stanton Peele, *Love and Addiction*, Signet Book, 1976.

ou à l'alcool - phénomène appelé en anglais «addiction» et traduit en français par le terme «assuétude» - ce n'est pas tant les réactions chimiques provoquées que la relation de dépendance, plus psychologique que physique, qui s'établit entre l'individu et la substance en question. En fait, affirme Peele, toute expérience provoquant l'euphorie, que ce soit à partir d'une substance (drogue ou alcool), d'un objet (consommation), d'une activité (sexualité compulsive) ou d'une personne (amour possessif), peut devenir source d'assuétude lorsqu'on l'utilise systématiquement comme solution magique pour supprimer toute angoisse, toute situation difficile. Cependant, les angoisses et les problèmes momentanément chassés du champ de la conscience ne font que réapparaître avec plus d'acuité ou même s'aggraver. Ce qui incite l'individu à recourir plus que jamais à ses solutions magiques et ainsi de suite: l'assuétude s'est installée, subrepticement mais durablement. Même consciente des déficits que cela entraîne pour elle, même une fois le plaisir initial émoussé, la personne assujettie a du mal à reprendre sa vie en main car il lui faut non seulement mettre fin à son asservissement à des substances, des objets, des expériences ou des personnes, mais encore faire face aux problèmes qui étaient à l'origine de son comportement.

La définition que le psychologue Howard Halpern donne de la dépendance s'applique parfaitement bien à nombre de soi-disant libérés que nous côtoyons. La dépendance, écrit-il, «*est un sentiment d'incomplétude, de vide, de désespoir, de désorientation, dont on croit qu'on ne peut se remettre que par l'intermédiaire de quelque chose ou de quelqu'un extérieur à soi-même»* [3] . Le facteur de dépendance ne réside pas tant dans la chose, l'activité ou la personne sous l'emprise de laquelle on se trouve que dans la relation entretenue avec celle-ci par la personne assujettie. Un médecin américain, psychiatre et biologiste, du nom de Michael Liebowitz va cependant encore plus loin et compare carrément l'attirance amoureuse ou sexuelle à l'ingestion de drogues: *«Il y a plusieurs affinités entre un tel état d'esprit [être amoureux ou être attiré sexuellement] et ce qui se passe lorsqu'on prend un stimulant. Sous l'effet de l'amphétamine, la plupart des gens passent en quatrième vitesse et leur seuil de plaisir s'abaisse. Ils ont un regain d'énergie, leur besoin de nourriture et de sommeil diminue. Ils voient le reste du monde sous un éclairage plus favorable et tout leur paraît plus intéressant; ils ont une meilleure opinion d'eux-mêmes, de leurs propres qualités et aptitudes, une meilleure opinion des autres également, et imaginent avec optimisme ce que leur réserve l'avenir».* Et d'ajouter: *«Une forte attirance, surtout lorsqu'elle a une composante sexuelle, fait appel aux mêmes circuits neurochimiques...»* [4] . Par conséquent, pour plusieurs personnes, les aventures amoureuses ou sexuelles équivaudraient à des «petites injections rapides» de stimulant. Ceci dit, entendons-nous bien: je ne prétends nullement que la sexualité, ou toute autre expérience source de plaisir et d'euphorie, soient en elles-mêmes préju-

---

(3) H. Halpern, *Adieu*, éd. Le Jour, 1983.
(4) M. Liebowitz, *La chimie de l'amour*, éd. de l'Homme, 1984.

diciables. Au contraire! Ce dont il est question ici, c'est la relation de dépendance extrême susceptible d'exister, sous prétexte de libération sexuelle, vis-à-vis de la sexualité. Il n'est pas question de dire que ceux qui ont plus de relations sexuelles sont plus dépendants, ce qui serait à la fois faux et ridicule. D'ailleurs, le contraire se rencontre parfois: des personnes qui ayant, à leur avis, trop peu d'occasions de se satisfaire sexuellement, vivent une frustration qui les amène à tout rapporter au sexe, à vivre quasi chaque instant, chaque contact comme investi de sexualité. Leur état de manque et de dépendance psychologique, exaspéré par toute la culture ambiante qui prône et idéalise la libération sexuelle, leur est aussi insupportable que l'absence de drogues au toxicomane: ils ne voient plus que cela. Dans ce cas-ci, comme dans les autres, la mécanique de base reste cependant identique: un asservissement de l'individu à la sexualité, que ce soit sous le prétexte de se libérer ou de ne pas l'être assez.

Il faut dire que l'histoire de la sexualité et même de l'amour a colporté des mythes et des valeurs à partir desquels la dépendance ou l'asservissement n'ont pas eu de difficulté à s'implanter. En effet, les modèles de sexualité passionnée ou même d'amour romantique ont-ils été autre chose que des relations d'assuétude, où la séparation n'équivalait souvent à rien de moins que la mort? Qu'on pense à Tristant et Iseult, à Roméo et Juliette ou encore à la passion de Guillaume et Florie dans *La chambre des dames* . Bien que façonnée et popularisée au cours du Moyen-Age et de la Renaissance, cette idée que la sexualité puisse être synonyme de dérèglement et d'assujettissement prend ses racines jusque dans l'Antiquité grecque et romaine, comme l'a démontré Michel Foucault [5] . Rien de nouveau sous le soleil donc, si ce n'est l'utilisation délibérée, aujourd'hui, de cet héritage culturel dans le but de légitimer maintenant la dépendance à l'endroit du sexe. Vous n'avez pas eu votre ration de sexe ou d'excitation? Vite il vous faut réagir! Producteurs et vendeurs de gadgets, de prostitution et de porno sont là qui veillent à votre bien-être.

La pornographie, précisément, fournit un exemple éloquent de l'utilisation du sexe comme drogue. Mais avant d'aborder ce sujet délicat, définissons les termes utilisés afin d'éviter les ambiguïtés qu'ils soulèvent.

La pornographie est souvent associée, sinon confondue, avec l'érotisme, la nudité ou même le mauvais goût. C'est pourquoi les études dites scientifiques, les commissions d'enquêtes et les prises de position de tous et chacun s'avèrent si souvent en contradiction. Pour la célèbre commission présidentielle américaine sur l'obscénité et la pornographie qui remit son rapport en 1970, pornographie et matériel explicitement sexuel étaient synonymes, d'où ses conclusions sur le caractère inoffensif de la pornographie. «*La recherche empirique destinée à éclai-*

---

(5) Michel Foucault, *Histoire de la sexualité,* tomes II et III; *L'usage des plaisirs* et *Le souci de soi,* éd. Gallimard, Bibliothèque des Histoires, 1984.

rer le problème n'a trouvé jusqu'ici aucune preuve de l'importance que pourrait présenter l'étalage de sujets sexuels détaillés dans le comportement délinquant ou criminel des jeunes ou des adultes. La Commission ne peut établir que l'étalage de matériel érotique soit un facteur véritable de crimes sexuels ou de délinquance sexuelle» [6] , concluaient les commissaires, reflétant en cela la tendance optimiste et libertaire des années soixante-dix. Plus près de nous, un semblable amalgame nudité-érotisme-pornographie se retrouve dans la nouvelle définition de la pornographie proposée en juin 1986 par le ministre canadien de la Justice à titre d'amendement au code pénal. Mais, cette fois, la confusion entre ces réalités sert des intérêts éminemment rétrogrades, voire puritains. Le ministre Crosbie définit en effet la pornographie comme «la représentation d'actes sexuels, notamment des rapports sexuels vaginaux, anaux ou oraux, ou qui montre un comportement sexuel violent, la bestialité, l'inceste, la nécrophilie, la masturbation ou l'éjaculation ou une autre activité sexuelle» . Se trouvent donc considérés avec la même réprobation des relations sexuelles égalitaires et affectueuses entre adultes consentants et les actes sexuels les plus violents et les plus dégradants! Dans son zèle à combattre la pornographie, monsieur Crosbie a tout confondu. On comprend le tollé de protestations que son projet a soulevé puisque toute représentation d'actes sexuels serait désormais répréhensible! En-

---

[6] *Rapport de la Commission sur l'obscénité et la pornographie,* Bantam Books, 1970.

fin, une seconde commission d'enquête américaine, présidée par l'attorney général Edwin Meese, vient tout juste de remettre au gouvernement américain un rapport, fort controversé mais pas plus convaincant, qui contredit totalement celui de 1970. Principale conclusion: la pornographie est cause de violence sexuelle envers les femmes et les enfants.

Certes, nous n'avons pas tous les mêmes seuils de tolérance ni la même définition du *bon goût* et, surtout, nous ne sommes pas excités sexuellement par les mêmes scènes. Mais devons-nous pour autant confondre des concepts et des réalités aussi différentes que la nudité, l'érotisme et la pornographie? La nudité, qui après tout est notre état le plus naturel, n'est sûrement pas plus obscène sur une photo que sur les fresques de Michel-Ange. Il est possible que nous ne goûtions guère l'esthétique de tel photographe ou les gros plans de tel autre, mais nous ne comprenons pas probablement davantage les papes qui, choqués par toutes les chairs des trésors artistiques du Vatican, les avaient fait en partie voiler. De plus, quiconque a fréquenté des endroits naturistes sait combien la nudité n'est jamais aussi excitante que lorsqu'elle est réprimée et pourtant presque banale lorsque considérée naturelle. Associer nudité et pornographie n'est-il donc pas abusif?

L'érotisme peut être plus difficile à distinguer de la pornographie, puisqu'il réfère à la représentation explicite d'actes sexuels. Cependant, une différence majeure existe: alors que dans l'érotisme ce sont les personnes et les actes sexuels mutuellement gratifiants qui sont proposés comme source d'excitation, dans la pornographie ce n'est plus la sexualité mais plutôt la domination, la dégradation ou la violence dont elle est le prétexte qui sont érotisées. Dans la réalité, la différence entre érotisme et pornographie est toutefois moins facile à faire que dans la théorie. Par exemple, la représentation de rapports sexuels mutuellement satisfaisants mais incluant une certaine brutalité est-elle pornographique? A l'inverse, la domination et la violence ne peuvent-elles pas être masquées par l'utilisation, dans le matériel érotique même le plus doux, de personnes contraintes à accomplir des actes sexuels et à feindre le plaisir? Je ne prétends pas que la réponse à ces questions soit simple. Je veux tout simplement souligner combien le caractère distinctif de la pornographie repose sur l'utilisation et la valorisation de la domination, de la dégradation, de la contrainte et de la violence sous le couvert d'activités sexuelles. Ce matériel est, en outre, caractérisé par le fait que l'avilissement psychologique ou physique d'autrui est présenté comme source suprême d'excitation sexuelle. L'affection, la sensibilité, la tendresse et la compassion y sont toujours absentes. Dans la pornographie, la sexualité n'est qu'un prétexte pour contraindre et violenter, alors que dans l'érotisme l'échange de plaisir est central. Bref, si l'érotisme est l'expression du désir, de la réciprocité et parfois de l'amour, la pornographie est l'expression du désir asservi par la haine.

Encore faut-il bien voir quels intérêts un tel phénomène est susceptible de servir, sujet sur lequel l'analyse reste le plus souvent discrète. Pourtant, comment ne pas constater que lorsque les hommes sont conditionnés à voir dans leurs partenaires sexuels des esclaves à dresser ou des ennemis à soumettre, il n'est pas trop difficile d'obtenir leur adhésion à un modèle de société autoritaire et inégalitaire. Plus encore, en intégrant dans leur sexualité les rapports dominants/dominés qu'ils subissent dans leur vie sociale, n'amène-t-on pas les hommes et les femmes à accepter, voire à légitimer ces rapports? Enfin, en faisant miroiter à tous les hommes, par l'entremise de la pornographie, la possibilité d'avoir plus de pouvoir sur autrui, et en particulier sur les femmes, on leur accorde un faux sentiment d'omnipotence. Alors que le vrai pouvoir, tant sur les femmes que sur les hommes, demeure toujours entre les mains de quelques-uns (y inclus celui d'employer tout ce monde comme chair à canons!). La porno comme opium du peuple et comme source de division entre hommes et femmes, voilà qui ne relève nullement de la fiction.

Le plus inquiétant dans tout cela reste encore que les modèles de dépendance et de soumission véhiculés dans la porno en particulier et dans la sexualité-consommation en général n'ont guère de difficulté à s'étendre au reste de la vie privée. Si être dépendant et asservi dans des domaines aussi importants que la sexualité ou la vie amoureuse paraît légitime, qu'y a-t-il de mal à l'être sur d'autres plans? On devine à quel point un tel raisonnement peut faire l'affaire des tenants du statu quo socio-politique. Absorbés par le sexe souverain et soumis à ses volontés, les citoyens ne sont guère menaçants: qu'on leur donne leur dose quotidienne de rêve et ils n'en demanderont pas plus.

Durant toute la Préhistoire et même l'Antiquité, les Anciens ont tenu la sexualité pour magique. On la disait porteuse de tous les bienfaits et même de la grâce des dieux (qu'on pense à la prostitution sacrée, par exemple) [7]. Il semble que nous n'ayons guère changé de mentalité à ce sujet: encouragés en ce sens par l'idéologie sous-jacente à la libération sexuelle, nous demandons à la sexualité de régler tous nos problèmes. Sans reconnaître qu'elle puisse elle-même poser problème.

---

(7) J'ai traité de ce phénomène dans *La prostitution des jeunes*, éditions Convergence, 1984, (réédition revue et augmentée à paraître en 1986).

SEX SYMBOLS

Jetez un coup d'oeil sur la télésérie *Dynastie*. La séduisante Joan Collins, qui y tient le rôle d'Alexis Colby, personnifie le Machiavel sexuel de notre temps. Elle se sert constamment des autres pour arriver à ses propres fins et n'oublie évidemment jamais de mettre ses charmes à contribution. Quant à Krystel Carrington, jouée par Linda Evans, elle est plus souvent qu'autrement le jouet des hommes qui l'entourent, en particulier de son époux, Blake Carrington. A voir ce dernier se comporter avec elle, on ne sait trop s'il la considère comme une compagne ou comme un bibelot: «*Sois belle et tais toi*» . Deux femmes fort différentes, l'une froide et calculatrice, l'autre presque bonasse; néanmoins, pour des dizaines de millions de téléspectateurs et téléspectatrices en Occident, elles figurent parmi les sex symbols de notre époque. Plus: elles sont des modèles. Derrière le cynisme de l'une et la candeur de l'autre, un même message ressort: être objet de convoitise sexuelle rapporte.

Que la révolution sexuelle et la télévision

aient grandi en même temps ne relève pas du hasard. En faisant entrer dans chaque foyer, dans l'intimité de chacun donc, les vedettes de la chanson ou du cinéma et les modèles qu'elles véhiculent (canons de beauté, modes, etc.), la télévision a contribué au culte de soi et des autres comme objets. Riches, belles et célèbres, les vedettes produites par le cinéma puis par le petit écran ont vite fait de servir d'idéal à une population captivée par le rêve et l'évasion qu'elles lui procuraient. Et pour se rapprocher encore davantage du rêve, pourquoi ne pas l'intégrer à soi, en prenant pour modèle ces femmes et ces hommes adulés? La publicité, qui - l'aviez-vous remarqué? - partage les honneurs de l'écran avec ses vedettes, n'allait pas manquer de profiter de l'aubaine: «*Mesdames, ayez les cheveux comme ceux de Farah Fawcett grâce au shampoing X; ayez la silhouette de Jane Russel grâce au soutien-gorge Y; retrouvez le teint de cover girl de Jennifer O'Neil grâce au maquillage Z...*», et je passe sur les bas de nylon, les produits amaigrissants, les programmes d'exercices, etc. En apparence davantage épargnés par l'offensive, les hommes représentent depuis quelques années, une cible de choix. Produits de rasage, jeans, bière, sont mis en valeur par des mâles qui ont de la gueule et du succès. Les hommes ont désormais le privilège d'accéder eux aussi au rang de *sex symbols*...

L'aspiration à devenir un objet sexuel s'est ainsi universalisée. Etre désiré, être désirable, voilà la hantise de millions de femmes, d'adolescents et d'adolescentes, et même d'hommes, jeunes ou moins jeunes, qui rompent ainsi le tabou voulant

que la séduction physique soit typiquement féminine. Cette course à la régularité du visage, à la légitimité du corps, à l'impact du *look* physique n'en
finit d'ailleurs jamais. De nouvelles modes, de nouveaux canons esthétiques viennent régulièrement
bousculer les résultats obtenus: nouvelle coupe de
cheveux, mode ou démode de la moustache et de la
barbe, nouveaux maquillages pour les femmes, vogue du culturisme, etc. Etre un objet sexuel nécessi-
te un continuel souci de son apparence physique.
Mais pourquoi tant d'efforts? Par delà le mimétis-
me, quelles motivations peuvent fonder une telle
entreprise?

Le statut d'objet sexuel est d'abord perçu, à
tort ou à raison, comme source de privilèges. Chez
les femmes et chez les jeunes notamment, ce peut
être une façon d'accéder aux prérogatives (richesse,
position sociale, pouvoir, etc.) détenues majoritairement par des hommes adultes. Le pouvoir de séduction est d'ailleurs à peu près le seul dont ont
traditionnellement disposé les femmes et les jeunes. Pour les hommes, la séduction était facultative:
le *playboy* n'a pas à être beau, il possède bien d'autres sources de pouvoir. Pas surprenant que la séduction soit moins attendue des hommes adultes
puisqu'étant, comme groupe, détenteurs du pouvoir et de l'argent, ce sont eux qu'il importe de séduire... La séduction chez un homme est un atout
de plus, alors que pour une femme c'est une quasi
obligation, d'où le mépris manifeste de beaucoup
d'hommes pour les femmes qui refusent d'être sé-
ductrices et d'entrer dans la dynamique homme-
sujet/femme-objet. Lorsque les rapports de séduc-

tion sont présentés (surtout aux femmes et aux jeunes) et vécus comme la voie privilégiée d'ascension dans l'échelle sociale, rien ne s'oppose à ce que l'entretien conscient du corps comme objet devienne une préoccupation courante. Certes, je ne remets nullement ici en cause la légitimité de se donner bonne contenance ou d'avoir belle apparence. C'est à son caractère obsessif dans cette culture qui a fait du corps le véhicule privilégié de l'être que je m'en prends.

Il y a plus: le corps d'autrui ainsi objectivé est intensivement utilisé pour se faire soi-même valoir. Que fait d'autre cet homme d'affaires qui se pavane avec sa jolie jeune escorte sinon proclamer sa propre valeur? Cette tendance n'est d'ailleurs pas propre à un groupe ou à une classe sociale en particulier. Qui n'a pas été impatient de présenter sa nouvelle conquête à ses amis/es? Qui n'a pas éprouvé de l'orgueil à susciter ainsi l'envie? Bien sûr, de telles attitudes ne sont pas le propre de notre époque mais elles y trouvent un terrain fertile. Car peut-être plus que leur image corporelle, c'est leur image sociale qui préoccupe au plus haut point l'homme et la femme d'aujourd'hui. Se prouver qu'on est toujours jeune, séduisant et performant aux yeux des autres, voilà bien un des leitmotive de notre temps.

Considérer son propre corps comme un capital et celui des autres comme un produit, voire même comme un faire-valoir, c'est leur accorder implicitement une valeur d'échange commercial. La révolution sexuelle a banalisé l'exposition, la location et la vente des corps. Danse nue, pornographie, prostitution deviennent des activités commerciales comme toutes les autres: quelqu'un vend, quelqu'un achète. Et pas question d'intervenir dans la loi du marché libre et de la saine concurrence. Sauf quand les abus se font trop criants. Et encore! Combien de gens crient à la censure lorsqu'il est question de règlementer ou de combattre l'exploitation sexuelle! Ceci dit, il faut bien entendu prendre garde de ne pas s'en prendre aux victimes plutôt qu'aux exploiteurs, comme cela a longtemps été le cas pour les prostituées, par exemple. La loi C-49 adoptée il y a peu par le gouvernement canadien stipule que le client est aussi coupable de sollicitation que la prostituée. Progrès? Cela ne change pas grand chose à l'exploitation et à la violence que subissent les prostituées de la part des clients, des souteneurs et du monde interlope. Une avocate montréalaise très réputée, pour laquelle j'ai beaucoup d'estime, réclame qu'afin de soustraire les prostituées au milieu criminogène on les «organise en un métier digne». La prostitution étant «le plus vieux métier du monde», il serait illusoire de penser en venir à bout. Je ferai deux objections à ces arguments. Que la violence et la guerre remontent, elles aussi, au début de l'humanité ne m'empêchera jamais d'être pacifiste. Que la prostitution devienne un «métier comme un autre»? Alors ce sera le seul métier dont l'apprentissage sera frappé d'interdit! Or on sait bien que la grande majorité des prostituées ont commencé leurs activités étant mineures, généralement avant l'âge de 16 ans (sans compter qu'un grand nombre d'entre elles ont préalablement été abusées sexuellement au cours de leur enfance).

Vraisemblablement, la commercialisation de la sexualité entretient et renforce la réduction d'autrui (jeunes et femmes surtout) à l'état d'objets sexuels dénués d'autodétermination. La fille nue sur le papier glacé ou celle qui se trémousse machinalement sur un banc de cabaret, on les achète en tant qu'objets: on ne s'attend pas à ce qu'elles se mettent à exprimer leurs désirs ou leurs insatisfactions. Leur rôle d'objets complaisants exige qu'elles soient privées du statut d'être humains libres et responsables: ce ne sont plus des personnes mais du sexe anonyme et malléable. Comment des personnes peuvent-elles accepter de se prêter à cette objectivation d'elles-mêmes, et ce parfois jusqu'à l'avilissement (qu'on pense à la porno sadique et dégradante par exemple) ? Outre le fait, maintes fois établi, que l'argent est souvent pour elles la motivation essentielle, certaines personnes trouvent dans le fait d'être un objet sexuel une façon d'échapper à plus de dépersonnalisation encore (n'être plus rien pour qui que ce soit), de se confirmer leur propre servitude (elles ne sont bel et bien que du sexe) ou même de se punir pour ce qu'elles sont devenues, même si leur responsabilité n'est manifestement pas la seule en jeu (sans exploiteurs y aurait-il des exploitées?). Sans compter que pour plusieurs d'entre elles, il existe peu ou pas d'autres moyens pour survivre et surtout pour payer la drogue qu'elles consomment afin de rendre leur sort d'objet plus supportable. Écoutons le témoignage de Linda:

«*J'ai débuté, je pense que j'avais 11 ans. J'ai*

débuté pour me défouler. J'apportais une attirance aux hommes, je sentais qu'ils avaient un désir face à moi, puis pour une fille de 11 ans, c'est un gros thrill. On se sent plus vieille, on n'appartient plus au monde des bouts de chou. C'était peut-être aussi pour fuir l'autorité familiale. C'était une question d'indépendance, une question monétaire aussi.

Vers 14 ans, j'ai commencé à me sentir mal, à ressentir l'image, l'étiquette d'une prostituée. J'ai commencé à avoir des clients réguliers, puis moi là-dedans, je me sentais bien basse, bien frustrée, de plus en plus agressive. J'avais bien envie de laisser mon milieu mais j'en avais besoin d'une certaine façon, c'était comme une drogue.

Je me sentais dégueulasse, sale, j'avais l'impression d'avoir toujours cette étiquette-là. Puis je sentais que j'étais maganée côté moral, côté émotionnel, côté social. Ça n'avait plus aucun sens, je n'avais plus aucun respect, aucune estime de moi-même. Le monde devine pas à quel point ça peut être dégueulasse: on a l'impression d'être une gang de chiennes dans une cage. C'est pas mêlant, c'est comme du marchandage, du bétail, toujours. C'est comme une obsession quand tu y penses. Toi tu fais l'amour une fois par jour ou trois fois par semaine, je ne sais pas, mais moi je passais sept homme au moins par jour. Quand ça fait dix fois que tu fais ça dans une journée, ça t'écoeure. Quand je me pro-

mène puis que je m'en reviens sur le pouce parce que j'ai pas d'argent dans les poches, tout de suite quand j'embarque dans une auto, le gars me met la main sur la cuisse. Tu me respectes mon gars? C'est quoi la femme? C'est un trou, c'est un muscle, c'est une touffe, c'est des seins? C'est quoi ces manières-là» [1].

Le développement sans précédent, depuis une vingtaine d'années, de nouvelles thérapies psychologiques usant du corps comme matière première peut aussi être mis en parallèle avec cette exaltation puis cette exploitation du corps. Gestalt-thérapie, cri primal, bio-énergie, etc., toutes ces approches, généralement inspirées des écrits de Wilhelm Reich, ont en commun la croyance que tout mieux-être psychologique passe par un travail sur le corps. C'est en le libérant, rien de moins, des inhibitions et des carcans imposés par nos expériences de vie ou par notre culture que nous libérerons notre énergie vitale. Puisque notre corps, prétend-on, c'est nous-même, sa libération sera la nôtre. Que le quotidien soit fait d'autre chose que du rapport à notre corps ou à celui des autres, que nos angoisses et nos frustrations dépendent largement de nos rapports sociaux (famille, travail, économie, politique, etc.), cela est volontiers passé sous silence.

---

(1) Extraits du vidéo *Comme des parcomètres*, produit par l'audiovisuel du Centre de services sociaux du Montréal-Métropolitain en 1984.

Mais il y a plus significatif encore. En s'attachant au corps et à la légitimité naturelle de ses instincts et de ses plaisirs, le courant corporéiste participe aux mythes de la révolution sexuelle. Message transmis: la satisfaction des instincts naturels, notamment sexuels, est non seulement légitime mais nécessaire. Notre plénitude passant par l'épanouissement de notre corps, laissons donc ce dernier nous conduire!

Certes, le bien-être physique est évidemment souhaitable pour tous. Mais cette «redécouverte du corps» ne débouche souvent que sur sa mythification et sur la commode croyance en une rédemption non plus désormais par l'âme mais par le corps. De ce corps symbole de nous-même, nous devons nous soucier chaque instant, nous devons faire confiance à ses pulsions, ne lui refuser aucun plaisir. La LOI ultime sera celle de notre corps: et tant pis si celui des autres ne vibre pas aux mêmes ondes... Ils n'auront qu'à se libérer eux aussi!

Que rien ne doit entraver le corps, telle est bien, à la limite, l'injonction de ce mouvement corporéiste représenté par des personnages aussi divers qu'Alex Comfort, auteur de *The Joy of Sex* et Alexandre Lowen, gourou de la bio-énergie. Pour les adeptes de ce courant, toutes les contraintes sociales qui entrent en conflit avec les besoins de l'organisme sont considérées comme préjudiciables à l'individu. Et c'est bien à une éthique individualiste que conduit cette pensée. A l'écoute attentive de son corps, centré sur lui-même, cherchant à se délivrer de soi-même et des autres par l'expression légitime de ce corps, l'adepte de la libération corporéiste ne craint pas le narcissisme. Et quelle terre d'élection pour la diffusion de l'idéologie-soeur de la libération par le sexe, cette fonction privilégiée de l'organisme! En l'érigeant en sujet, le courant corporéiste a fait du corps notre bien certes le plus précieux mais aussi le plus tyrannique.

A en croire de nombreux sexologues, dont les prolifiques Masters et Johnson, le bonheur personnel et l'harmonie du couple seraient même une question de techniques sexuelles. Pareille prétention n'a pas eu de mal à trouver une large audience dans le grand public. En effet, elle va tout à fait dans le sens de l'idéologie véhiculée par la révolution sexuelle: notre corps et celui d'autrui sont des instruments de plaisir dont il importe de bien savoir se servir, la performance sexuelle est la clé de l'épanouissement humain. A force de vouloir mesurer stimulations, excitations ou orgasmes, ces chercheurs en viennent à négliger, voire à ignorer, non seulement toute la dimension symbolique et relationnelle de la sexualité mais encore sa relative importance par rapport à d'autres aspects de la personnalité et du rapport amoureux. Ce n'est pas parce qu'on possède de bonnes techniques pour faire jouir autrui ou pour jouir soi-même que les relations avec les autres sont plus satisfaisantes! Qui n'a connu des experts en ce domaine dont la vie affective était un désastre? Nombre de personnes sont aujourd'hui rompues aux techniques érotico-sexuelles mais demeurent incapables d'avoir une relation affective significative ou satisfaisante avec autrui. Ce n'est plus l'absence ou la méconnaissance du sexe qui leur pose problème, mais bien sa profusion dans un monde d'indigence affective.

Les techniques sexuelles, le degré d'excitation ou le nombre d'orgasmes ne remplaceront jamais l'engagement émotif, la tendresse et la compréhension. Sans eux, ni l'individu ni le couple ne peuvent se développer. Certes, la sexualité peut être une source non négligeable de partage et de communication, mais elle n'est pas la seule. De plus, une relation sexuelle peut être parfaitement réussie au point de vue physiologique sans comporter la moindre satisfaction psychologique ou relationnelle; c'est ce qu'on retrouve non seulement chez les prostituées, par exemple, mais chez beaucoup d'abonnés au sexe impersonnel et sans lendemain.

L'Église s'est appliquée pendant des siècles à nous persuader que nous étions avant tout des âmes; voilà que la révolution sexuelle nous exhorte à devenir des corps. Plus encore, elle nous inculque une nouvelle croyance: nous *sommes* notre corps, nous *sommes* notre sexe. Désormais notre corps c'est nous, et nos désirs ou comportements sexuels l'exact reflet de notre personnalité intime. C'est du moins ce dont a fini par nous convaincre la psychanalyse et les disciples de Reich. Cette croyance est d'ailleurs à ce point intériorisée que, dans ces petites annonces qui servent à trouver des partenaires amoureux ou sexuels, la première et souvent la seule chose décrite c'est le physique de la personne. A la limite, ce ne sont pas deux personnes qui vont se rencontrer, mais deux corps, deux phantasmes, deux machines à produire du sexe. Autre exemple de cette confusion entre corps et personne, la tendance chez beaucoup, à se croire «tombés en amour» alors qu'ils sont tout simplement «tombés en désir» pour le corps de l'autre. Or, aimer quelqu'un, c'est tout de même plus que ressentir une attirance physique pour cette personne...

Paradoxe: alors qu'ils s'évertuent à devenir des objets sexuels légitimes, nombre de femmes et même d'hommes craignent ou se plaignent simultanément d'être traités de la sorte. En témoigne cet adepte de culturisme qui, après ses quatre heures d'exercices quotidiens, s'inquiétait qu'on ne l'aime que pour son corps. Ou encore cette femme qui, tenant toujours à rehausser, par son maquillage et sa tenue recherchée, toute sa sensualité, se scandalisait de voir des hommes tourner autour d'elle. Ainsi donc avant même d'être des objets pour autrui nous voulons sans doute l'être pour nous satisfaire et nous contempler nous-mêmes.

JE, ME, MOI

Selon l'historien Edward Shorter, l'égoïsme et l'individualisme inhérents à l'économie de marché capitaliste ont graduellement gagné d'autres domaines, notamment l'affectivité et la sexualité [1] . Etre en concurrence avec les autres, tirer le plus possible *profit* d'eux, ne pas «se laisser avoir», voilà des principes qui ont de plus en plus coloré les relations sociales. Si ces traits étaient déjà discernables auparavant, nul doute qu'ils culminent sous le règne de la révolution sexuelle. Voyons comment.

Georges représente un certain type d'hommes supposés *libérés* . Pour lui, les aventures d'une nuit sont la norme. Professionnel affairé, il n'a pas le temps, dit-il, ni le goût d'ailleurs, de développer des relations plus durables. L'important pour lui? Jouir au maximum du moment présent, sans se

---

(1) E. Shorter, *Naissance de la famille moderne* , éditions du Seuil, 1977.

préoccuper du passé ou de l'avenir. Ses partenaires, il les trouve dans les bars et les discothèques, qu'il fréquente assidûment. Parfois, il se sent déprimé, angoissé, mais il ne sait trop pourquoi. Ses aventures l'excitent beaucoup au moment où elles s'amorcent, mais sitôt qu'il a obtenu ce qu'il désire, ses partenaires le laissent plutôt froid. Il lui faut alors tourner la page; et si l'une de ses conquêtes d'un soir tente de prolonger le contact, cela l'agace presque immanquablement. On ne respecte alors plus *ses règles* de jeu et il craint qu'on ne lui jette le grappin dessus. Vouloir s'engager davantage avec lui, cela lui paraît inconvenant.

Comme l'a si bien souligné Christopher Lasch dans son livre *Le complexe de Narcisse* , «*Faire de la sexualité une valeur en soi interdit toute référence à l'avenir et n'offre aucun espoir de relations durables. Les liaisons, y compris le mariage, qui n'ont pour toute justification que la sexualité peuvent être interrompues à volonté*»[2].

L'ambiance des discothèques illustre bien la mentalité individualiste et narcissique de notre époque. Abasourdis par le bruit qui empêche presque toute communication verbale et comprimés par la foule, que font tous ces habitués sinon se donner en spectacle à eux-mêmes et aux autres et se convaincre qu'ils ne sont pas seuls? Rester à la maison, face à leur solitude, serait-il si insupportablement an-

---

(2) C. Lasch, *Le complexe de Narcisse* , Robert Lafond, 1981.

goissant? La façon moderne de danser, seul, en faisant valoir son expressivité et son originalité propres, n'est d'ailleurs pas sans accentuer ce narcissisme. Les jeux de miroirs, élément essentiel de la décoration-type des discothèques, complètent merveilleusement bien le rituel qui s'y déroule: l'individu se donnant en spectacle à lui-même et se renvoyant son image à travers celle des autres. Et lorsque Narcisse rentre chez lui, même solitaire et épuisé, il a au moins la consolation de se dire qu'il n'est pas seul... à être seul. La discothèque, institution-reflet de notre temps, c'est la foule solitaire, le moyen de se sentir avec d'autres sans contact ni obligation.

Vider le sexe d'émotivité et d'engagement, privilégier l'instant présent plutôt que des relations durables qu'il faudrait cultiver, se montrer le plus détaché possible envers ses partenaires afin de se prémunir contre les déceptions ou les attachements, voilà bel et bien les nouvelles normes de rentabilité qui président au sexe libéré.

Outre leur logique de consommation (analysée dans les chapitres précédents), l'affectivité et la sexualité modernes fonctionnent selon un principe de rentabilité individuelle, qui consiste à retirer le plus possible en investissant le moins possible. Cette logique, apprise au fil de nos relations sociales et économiques, se trouve ainsi reproduite, fût-ce inconsciemment, dans nos relations amoureuses et sexuelles. C'est elle encore qui nous amène à minimiser nos relations interpersonnelles «gratuites», c'est-à-dire sans finalités identifiables ou rentables, pour n'investir, dans les deux sens du terme, que (dans) les relations productives. Cette mentalité n'est d'ailleurs pas le fait des seuls célibataires; on la rencontre aussi fréquemment chez les couples. Combien ai-je connu de couples qui avaient abandonné pratiquement toutes leurs relations sociales sous prétexte qu'étant désormais stables et complémentaires l'un l'autre, ils n'avaient pas besoin d'amis! Économes de sentiments, recroquevillés sur eux-mêmes ou sur leur couple, nombre de gens n'ont aujourd'hui conservé qu'un minimum de sociabilité au bénéfice d'un égocentrisme solitaire ou à deux. L'autre, s'il signifie sensibilité, engagement, contingence, représente une dépense inutile ou, pire, une menace à leur précaire équilibre.

Les problèmes reliés à la contraception, ainsi qu'au divorce et à la garde des enfants, montrent à quel point la logique du «chacun pour soi» fonctionne aussi dans le couple moderne, généralement à l'avantage de l'homme. Au cours des années soixante, la pilule contraceptive fut accueillie par plusieurs comme le plus extraordinaire outil de libération sexuelle. Or qu'arriva-t-il? Certes, beaucoup de femmes furent soulagées du souci de grossesses non désirées, mais leurs partenaires masculins, eux, purent continuer à faire de la contraception le devoir des femmes et à se laver les mains de toute responsabilité. La vasectomie, par exemple, est beaucoup moins courante et moins répandue que la pilule anovulante ou la ligature des trompes. Des chiffres? Une enquête réalisée à l'automne 1982 par le Centre de sondage de l'Université de Montréal donne les suivants: 31% des femmes interrogées qui avaient recours à un moyen contraceptif avaient opté pour la ligature, un peu plus de 28% utilisaient la pilule, presque 11% le stérilet et 5% avaient subi une hystérectomie. Trois fois sur quatre la contraception était donc à la charge de la femme. Dans 10,5% des cas, le partenaire masculin avait été vasectomisé, presque 6% des couples utilisaient le condom et 6% consentaient à s'abstenir périodiquement pour éviter une grossesse. Cette enquête confirme les données du Rapport Hite indiquant que la plupart des hommes préfèrent que la femme s'occupe de la contraception [3]. Comme c'est la femme qui enfante, bon nombre d'hommes continuent de penser que la contraception ne les concerne pas. Pas plus que le soin des enfants d'ailleurs; c'est la suite logique du raisonnement. Ainsi, lors de la séparation ou du divorce, un grand nombre de pères sont réfractaires à l'idée de verser de l'argent pour les besoins de leurs enfants. Environ 75% des hommes divorcés au Québec ne paient pas de pension alimentaire. *«Les enfants, c'est l'affaire des femmes: qu'elles se débrouillent»*, pensent-ils. Qui n'a connu de ces situations où, après une séparation ou un divorce, la mère et les enfants devaient vivre dans une quasi misère alors que le père continuait à vivre plus qu'aisément? Lorsque les mères adoptent, par dépit, désespoir ou réaction, la même attitude d'indifférence que leur conjoint, les enfants paient doublement la note; placés, abandonnés ou négligés, ils apprennent vite qu'ils sont des indésirables dont on

---

(3) Shere Hite, *Le Rapport Hite sur les hommes*, éd. Robert Lafond, 1983 (p. 433 et suivantes).

cherche à se débarrasser.

Dans *Nos enfants en danger* [4] , Vance Packard constate que 43% des parents d'aujourd'hui
croient que leur développement personnel doit passer avant celui de leurs enfants. Sur le plan de l'éducation et des soins apportés aux enfants, cela ne va
pas sans conséquences. Lorsque ces gens se sépare-
ront ou divorceront, ce qui arrivera dans plus de la
moitié des cas selon la tendance statistique actuelle,
on imagine aisément qui fera les frais de cet éclatement. Quand le couple fonctionne selon les règles
égocentristes du chacun pour soi, il laisse volontiers ses fruits laissés pour compte. Beaucoup de parents d'aujourd'hui pensent davantage à leurs
droits qu'à leurs devoirs. Ils sont, en ce sens, le reflet de leur époque. Mais ce sont les enfants, adultes
de demain, qui en font les frais.

Au moment où ces lignes sont écrites, on estime à plus de 5000, à Montréal, le nombre de jeunes de moins de 30 ans qui sont sans abri. Ils ont
souvent recours à la prostitution, à la délinquance,
à n'importe quel expédient, pour assurer leur survie. On retrouve aussi, par milliers, des jeunes mineurs qui font partie de réseaux de prostitution; certains ont moins de dix ans et s'adonnent parfois à
cette activité au vu et au su de leurs parents. Le
nombre de fugues de plus de 72 heures rapportées à
la police atteint 1000 par année à Montréal seule-

---

(4) V. Packard, *Nos enfants en danger*, éditions Calmann-Lévy,
1984.

ment et les cas non rapportés seraient deux ou trois fois plus élevés. Quant à la moyenne d'âge des enfants qui fuguent de leur foyer, elle tendrait à baisser; le tiers ont 13 ans ou moins et chez nos voisins américains cette moyenne se situe à 13 ans et demi [5] . Et sans oublier le suicide chez les jeunes, dont le Québec détient le triste record... Les jeunes ont-ils encore une place dans une société où la devise individuelle, économique et politique est de ne compter que sur ses propres moyens?

Cette morale du chacun pour soi ne manque cependant ni d'ambivalence ni de paradoxe. Courants corporéistes et thérapeutiques psychologiques à l'appui, l'intensité du corps, des relations interpersonnelles et des émotions n'a peut-être jamais été aussi valorisée. Mais, curieusement, jamais les gens n'ont eu autant de difficultés à ressentir cette intensité en eux-mêmes et dans leurs rapports avec les autres, d'autant plus que c'est par le biais d'un certain détachement émotionnel qu'ils comptent y arriver. Contradiction? Pas du tout. Puisque pour eux la condition première à l'intensité des sensations est le *contrôle* préalable des situations grâce auxquelles ils se les procurent. Or, comme vibrer, aimer, désirer, c'est aussi devenir vulnérable, un peu dépendant même, n'est-ce pas là risquer l'imprévu ou l'incontrôlable? Voilà pourquoi on assiste en même temps au culte de l'intensité person-

---

(5) Chiffres fournis par la police de la C.U.M. au Journal de Montréal (4 juin 1986) et par Vance Packard, *Nos enfants en danger* , déjà cité.

nelle et à la peur des sentiments. Nos contemporains recherchent la sexualité sans sentiment et sans engagement: que des sensations, et les plus intenses possibles!

Un ami m'a dit un jour qu'il était souvent plus facile de *baiser* avec quelqu'un que de lui parler. Par delà la boutade ou la caricature, cette réflexion illustre bien les avatars de la prétendue révolution sexuelle. A promouvoir des personnes libres, indépendantes, autonomes, axées sur le plaisir, elle a créé des êtres avides de sensations physiques mais fuyant les sentiments, repliés sur eux-mêmes mais à la poursuite d'une jouissance sans fin. Plus encore, cette nouvelle idéologie a instauré une dichotomie croissante entre le sexe et le sentiment. Beaucoup de gens perdent tout intérêt à amorcer une relation amoureuse ou sexuelle s'ils ne sont pas assurés à l'avance de la définir et de la contrôler, donc de la limiter: s'il doit y avoir passion, qu'elle ne soit que fugace!

Ainsi que l'écrivait le sociologue Richard Sennett:

«*Dans le domaine de la sexualité, le narcissisme soustrait l'amour physique à toute forme d'engagement, personnel ou social. Le simple fait de s'engager semble limiter les occasions de se connaître [soi-même] suffisamment et de trouver un partenaire qui convienne [davantage]. Tout rapport sexuel sous l'empire du narcissisme est d'autant moins satisfaisant que les partenaires sont plus longtemps ensemble»* [6].

Appréhendant constamment l'insatisfaction et la frustration de ne pas trouver en l'autre totalement ou exactement ce qu'ils recherchent, les Narcisses modernes préfèrent s'en distancer. Au mieux, l'autre devient un outil ou un instrument de croissance personnelle, et ses besoins inféodés aux leurs.

Ainsi, la révolution sexuelle aura été révolution de l'individualisme. Le culte du plaisir et du développement personnel a conduit à une distanciation, voire à une insensibilisation émotives. Alors qu'on est de plus en plus absorbé à se bichonner soi-même, l'intérêt et la responsabilité à l'égard d'autrui en prennent un dur coup. Qui s'émeut encore devant la prostitution des enfants ou devant l'avilissement des femmes dans la pornographie sous prétexte d'excitation sexuelle? J'ai plus d'une fois pu constater dans mon travail que même devant des situations aussi graves que des abus sexuels violents commis sur des enfants ou des adolescents, des témoins hésitent ou refusent d'intervenir parce que *cela ne les regarde pas* . Les abuseurs eux-mêmes excusent souvent leurs actes en invoquant le caractère intime et irrépressible de leur sexualité. Les médias électroniques et les journaux rapportent régulièrement des situations d'abus physiques et sexuels probants, comme l'inceste

---

(6) R. Sennett, *Les tyrannies de l'intimité* , Seuil, 1979.

et le viol, dans lesquelles d'honnêtes citoyens se sont bien gardés d'intervenir sous prétexte que les choses du sexe sont privées (même lorsqu'impliquant de la violence) et qu'il vaut conséquemment mieux que chacun se mêle de ses affaires. Summum: le viol d'une femme en plein parc public aux Etats-Unis, où pas moins de vingt-sept témoins adultes n'osèrent faire le moindre geste, pas même pour avertir la police (c'est un enfant qui eut ce réflexe!). Jusque l'appréhension d'une guerre nucléaire sert maintenant cet individualisme exacerbé. Vivre le présent avec démesure, sinon désespoir, puisque demain n'est pas assuré, voilà le dernier alibi du *chacun pour soi* et de la déresponsabilisation. Fuir plutôt que de prendre en mains son devenir personnel et collectif. Les conséquences sociales de l'individualisme débordent largement, comme on le voit, le cadre de la sexualité: elles minent l'avenir.

L'accomplissement de sa sexualité, devenue une valeur en soi, justifierait, à la limite, tous les abus, tous les emportements... Car l'idéologie du chacun pour soi s'est trouvée une alliée précieuse dans les théories psycho-sexologiques les plus en vogue concernant l'impérieuse pulsion sexuelle.

UNE IMPÉRIEUSE
PULSION

Le prétexte a maintes fois servi à tenter d'expliquer ou même d'excuser harcèlements, abus sexuels et viols: le désir serait incontrôlable, irrépressible, impérieux. Ce mythe du sexe «plus fort que soi» n'est certes pas neuf puisqu'on le retrouve jusque dans les mythologies de l'Antiquité, dont les dieux et les déesses n'étaient pas particulièrement enclins à l'abstinence. Cependant, plusieurs courants de pensée en psychologie et en biologie ont, depuis quelques décennies, donné une caution scientifique à cette vision essentiellement déterministe et «pulsionniste» de la sexualité. Des travaux de Freud, de Reich et de leurs successeurs respectifs à ceux des sociobiologistes, sans oublier une abondante littérature de sexologie populaire, les plaidoyers en faveur de ce point de vue ne manquent pas. «*C'est l'énergie sexuelle qui gouverne la structure de l'affectivité et de la pensée humaine*» , n'hésita pas à proclamer Wilhem Reich [1].

---

(1) W. Reich, *La fonction de l'orgasme* , l'Arche éditeur, 1952.

Non seulement nous serions sans résistance devant la pulsion sexuelle, inscrite au plus profond de notre être - les sociobiologistes vont même jusqu'à dire: de nos gènes! - , mais encore l'accomplissement sexuel serait une nécessité absolue, aussi vitale que le besoin de s'alimenter, par exemple. Plus encore: réprimer ses pulsions mènerait à la névrose ou à des «déviations» de toutes sortes. Freud n'a-t-il pas démontré que les problèmes psychologiques provenaient d'angoisse sexuelle non résolue et Reich n'a-t-il pas établi que «*la névrose est l'expression d'un trouble de la génitalité?*» [2] . Aussi chacun doit-il veiller à sa satisfaction sexuelle, garante de son bien-être mental et physique, puisque «*tout mauvais fonctionnement de l'orgasme détruit l'équilibre biologique et conduit à de nombreux symptômes somatiques*» [3] . A la limite, consentira-t-on à la sublimation, mais de façon mesurée et raisonnable. Freud lui-même, pourtant bien davantage partisan de cette solution que son radical disciple, nous indique dans *Un souvenir d'enfance de Léonard de Vinci* , que cette voie, malgré ses indéniables avantages artistiques et scientifiques, n'est pas sans danger d'anormalité [4]. Il vaudrait mieux reconnaître que nous sommes sous l'emprise du sexe et l'assurer de notre loyale vassalité. Faute de quoi, nous risquons d'être la proie de la maladie mentale ou des perversions les plus ex-

---

(2) W. Reich, *La fonction de l'orgasme* , l'Arche, 1952.
(3) Idem.
(4) S. Freud, *Un souvenir d'enfance de Léonard de Vinci* , Gallimard, 1927.

centriques. Tenons-nous le pour dit!

Plus près de nous, la sociobiologie a repris, et poussé beaucoup plus loin, les arguments de type biologique pour expliquer la sexualité humaine. Pour E.O. Wilson [5] , les comportements sexuels sont tout bonnement innés, puisque déterminés génétiquement. La biologie expliquerait d'ailleurs tous les comportements humains; nos gènes, dans leur implacable tendance à se propager, aiguillonneraient en quelque sorte nos comportements. David Barash, un émule de Wilson, va jusqu'à écrire que *«peut-être les violeurs humains, dans leur égarement criminel, agissent-ils au mieux de leurs possibilités pour maximiser leur succès reproductif»* [6] . Non seulement nos pulsions émergeraient des profondeurs insondables de notre être, mais encore elles seraient inexorablement liées à la lutte génétique – Darwin n'est pas loin – pour la survie. La fonction de notre organisme? Reproduire nos gènes. Comme le dit Richard Dawkins, un autre sociobiologiste: *«Nous sommes des machines à survie – des robots aveuglément programmés pour transporter et préserver les molécules égoïstes dénommées gènes»* [7] . Le simplisme désarmant de la thèse sociobiologique ne l'a pas empêché, au con-

---

(5) Ses deux principaux ouvrages sont: *Sociobiology, the New Synthesis,* Harvard University Press, 1975 et *L'humaine nature,* Stock, 1979.

(6) D. Barash, *Sociobiology: The Whisperings Within,* Harper & Row, 1979.

(7) R. Dawkins, *Le gène égoïste,* Mengès, 1978.

traire, de connaître une grande popularité et d'apporter de l'eau au moulin des tenants d'une sexualité irréductible et incontrôlable [8].

Certes, les bases physiologiques nécessaires à tout comportement sexuel se trouvent bel et bien présentes chez la grande majorité d'entre nous. Cependant, prétendre que la pulsion sexuelle domine ou doive dominer notre raison et notre vie paraît nettement exagéré. *«Si les humains se trouvent physiologiquement constitués de telle façon qu'un comportement sexuel leur est possible et agréable, leur façon d'organiser et de diriger ce comportement n'est d'aucune manière innée. Au contraire, il apparaît clairement que la culture environnante ainsi que le fruit de son apprentissage et de son expérimentation jouent pour l'humain un rôle de premier plan dans l'élaboration de sa sexualité* [9]. Autrement dit, même si nous reconnaissions l'existence d'une pulsion qui, lorsqu'elle est déclenchée, échappe à notre contrôle, nous ne pourrions nier que le désir et les comportements sexuels qui en découlent demeurent, eux, des phénomènes tout à fait conscients. Si la pulsion fait partie intégrante de notre potentiel physiologique, les comportements qui lui permettront de trouver un exutoire n'ont

---

(8) Pour une critique des théories sociobiologiques, on lira avec intérêt *Les biologistes vont-ils prendre le pouvoir?*, P. Thuillier, Complexe, 1981 et *Nous ne sommes pas programmés*, R. Lewontin, S. Rose et L. Kamin, La découverte, 1985.

(9) Dorais, M., *La sexualité plurielle*, éd. Prétexte, Montréal, 1982.

rien d'automatique, loin de là. Comme l'ont fait remarquer les sociologues Simon et Gagnon[10], toute excitation sexuelle requiert la présence de personne(s), d'activités, de circonstances et de motivations combinées de façon à produire une situation érotique, sexuellement stimulante. Comme ce qui est excitant pour un individu ne l'est pas nécessairement pour un autre, il faut se rendre à l'évidence que, mis à part ses caractéristiques physiologiques, notre sexualité ne possède guère d'automatismes innés. Au contraire, nos comportements sexuels se structurent à partir de modèles, de circonstances, de connaissances et d'anticipations plus ou moins rationnels mais néanmoins apportés par l'environnement dans lequel nous évoluons. Sans stimuli, fussent-ils phantasmés, il n'y a pas de pulsion sexuelle.

Dans son remarquable ouvrage *Sexuality and its Discontents* , le britannique Jeffrey Weeks réagit aux conceptions exagérément centrées sur la biologie qui ont été entretenues à propos de la sexualité humaine. «*Nous devons apprendre des pionniers de la sexologie et non être entravés par eux*»[11] écrit-il. Partisan d'une vision plus globale, il ajoute: «*Je veux suggérer que la sexualité, loin d'être la plus récalcitrante des forces, a longtemps été une courroie de transmission des anxiétés sociales et un point de rencontre des luttes de pouvoir, un des premiers endroits en vérité où domination et subordi-*

---

(10) J.H. Gagnon et W. Simon, *Sexual Conduct* , Aldine, 1973.
(11) Weeks, J., Routledge & Kegan Paul, *Sexuality and its Discontents* , 1985, p. 11.

nation ont été définies et exprimées»[12] . On ne saurait pour autant renier les assises biologiques de la sexualité humaine, mais en les situant dans leur contexte beaucoup plus large: «*Le comportement sexuel ne serait évidemment pas possible sans ses sources physiologiques, mais la physiologie ne procure pas les motivations, la passion, le choix d'objet sexuel et l'identité. Ces éléments viennent d'ailleurs, c'est-à-dire des domaines des relations sociales et des conflits psychiques. Si cela est vrai, le corps ne peut plus être perçu comme une donnée biologique dégageant ses propres significations. Il doit plutôt être compris comme un ensemble de potentialités auxquelles seule la société donne ses significations*»[13].

Assurément, le comportement sexuel humain diffère en cela de celui de la plupart des espèces animales, quoiqu'en laisse croire l'anthropomorphisme naïf de tous ceux et celles qui se réfèrent à la sexualité «naturelle» des bêtes. Le rut constitue pour ces dernières le mécanisme premier, et souvent le seul, régissant la sexualité. Le comportement sexuel de la majorité des animaux est en effet réglé par la production cyclique d'hormones (oestrogéniques chez la femelle et testiculaires chez le mâle), phénomène qui déclenche en eux la recherche de l'accouplement. Mais qu'on ne vienne pas me parler de rut chez l'humain! Il y a fort longtemps que son cerveau a remplacé, au fil de

---

(12) Idem, p. 16.
(13) Idem , p. 122.

son évolution, ses seules hormones gonado-thropes dans le contrôle de ses comportements sexuels. Preuve en est que, contrairement à la plupart des animaux, l'humain n'est pas seulement disponible ou excitable sexuellement qu'à des périodes prédéterminées. Débarrassé des stricts déterminismes biologiques qui déclenchent la sexualité chez les espèces considérées plus primitives en raison du développement restreint de leur cerveau, l'être humain a développé une sexualité volontaire et raisonnée, c'est-à-dire médiatisée par son cerveau. Aussi nos désirs sexuels sont-ils orientés par l'expérimentation, l'apprentissage, le conditionnement social et, sur-tout, par notre remarquable faculté d'imagination et d'anticipation. A plus forte raison, nos comporte-ments sexuels, loin d'être dictés par une force biolo-gique aussi mystérieuse qu'inéluctable, sont, en tant qu'actes conscients et intentionnels, contrôlés par notre cerveau.

On comprend alors que la pulsion sexuelle ne s'actualise que lorsqu'elle est déclenchée et cana-lisée par les significations données aux actes et aux personnes. Nous sommes loin de la sexualité déter-ministe des animaux! Si un geste, une situation ou un individu sont sexuellement stimulants, c'est qu'ils ont été préalablement dotés de signification ou de symbolisme sexuels par la personne qui res-sent cette excitation. Nous reviendrons d'ailleurs plus en détail à cette importante question dans un chapitre ultérieur. Pour l'instant, qu'il suffise de mentionner que la théorie freudienne de la libido se trouve ainsi remise en question du fait que, comme le reconnaissait le psychanlyste Rollo May:

> «*Il se révèle que la libido d'un individu n'est pas le moins du monde fixe, mais augmente et diminue avec les associations qu'il ou elle a de l'être aimé, du père, de la mère, des objets d'amour antérieurs, etc., et que ces significations symboliques - qui sont qualitatives - ont plus de signification et de force en tant que variable que la quantité de libido*»[14].

Le concept même de libido, c'est-à-dire d'énergie sexuelle vitale, et les utilisations qui en sont faites sont fort discutables. Ainsi, la libido existerait en quantité limitée, donc serait quantifiable. On pourrait l'économiser ou la dépenser comme un capital monétaire. A chacun d'en disposer selon ses choix budgétaires. Les uns la sublimeront en se livrant à l'écriture, la peinture ou le sport, par exemple, les autres investiront leur pécule dans les plaisirs de la chair. Mais attention à ne pas gaspiller votre avoir sexuel! ...C'est sans doute une des raisons pour lesquelles tant de thérapeutes s'évertuent à nous apprendre l'économie sexuelle en nous enseignant le bon usage de nos ardeurs physiques.

Le cas de Paul, que j'ai suivi en raison de sa pédophilie, illustre bien les rationalisations abusi-

---

(14) R. May, *Amour et volonté*, Stock, 1971.

ves auxquelles la croyance en une pulsion sexuelle impérative peut donner lieu. Paul n'acceptait nullement ses désirs et ses actes sexuels avec les enfants, mais il était néanmoins persuadé qu'il n'était guère responsable des agressions qu'il avait commises. *«C'est plus fort que moi»*, déclarait Paul. Un patient travail l'amènera à reconnaître que, si nous ne choisissons guère nos désirs sexuels, il en va tout autrement de nos comportements, puisque des choix, même restreints, existent alors. Son attirance sexuelle vers les enfants ne l'autorisait nullement à les violenter pour les forcer à le satisfaire. Lorsque Paul, comprenant les significations et les besoins présents derrière ses comportements, acceptera d'y répondre par des comportements différents et non préjudiciables à autrui, un pas significatif aura été fait dans la résolution de son problème.

En ces temps de révolution sexuelle, le mythe pulsionniste fait insidieusement ses ravages. Le martelage idéologique des censeurs qui veulent réprimer la sexualité tout comme celui des libérateurs qui prétendent la débrider n'ont d'ailleurs de cesse de la proclamer impérieuse et irrépressible. Tantôt on invoque ses vertus salvatrices (les discours libérateurs à la Reich, Comfort et compagnie), tantôt on la prétend destructrice (les discours réactionnaires: *«L'activité sexuelle prémaritale est nuisible, tant au point de vue physique, affectif, social et moral»*[15], affirme un document de travail de la

---

(15) Cité dans La Presse, 29 avril 1986.

Commission des Écoles Catholiques de Montréal). Mais on ne remet jamais en question le dogme de *l'imminente sexualité* . Les uns nous menacent de malheurs et de névroses si nous n'en n'avons pas assez; les autres nous vouent à l'immoralité, l'impuissance, la perversion, la léthargie, sans oublier toutes les maladies dites honteuses, si nous en avons trop. Nous sommes, quoi qu'il en soit, voués au sexe et à son empire, mais surtout à une sexualité définie de façon arbitraire par ces bons penseurs de droite ou de gauche. Personne n'a, semble-t-il, encore réalisé que laisser la sexualité LIBRE (diront les uns) ou NATURELLE (diront les autres) c'est aussi y inclure l'absence de sexualité, la sexualité ambiguë, la sexualité-jeu, la sexualité indécise, imprécise, périphérique, la sexualité qui s'exprime autrement que par la génitalité. Rien de cela n'a été prévu par la répression, ni par la libération que, de part et d'autre, on a voulu imposer à cette intrigante pulsion.

LE SEXE NÉCESSAIRE

Écoutons le professeur Joseph Birnbaum:

«De même qu'une jeune mariée, qui sait faire tout juste des oeufs sur le plat, trouvera normal, pour la satisfaction gustative du couple, d'apprendre à faire des plats cuisinés, alternant avec des petits plats, de même le jeune couple - ou le plus âgé, il n'est jamais trop tard - tiendra à apprendre l'Art d'Aimer! Non plus celui d'Ovide, mais celui qu'il est indispensable de pratiquer si l'on veut accroître ses potentialités érotiques. Cela, afin d'assurer le bon fonctionnement et le plein emploi de ses glandes endocrines ainsi que celles de l'être que l'on a comme partenaire. Afin aussi d'acquérir, ce qui est très important, à côté de la sexualité proprement dite, cet oeil brillant, cette sérénité, cette assurance, ce souffle, cette faculté de compréhension qui sont l'apanage de ceux qui

ont une vie sexuelle épanouie»[1].

Que la sexualité soit perçue comme une incontrôlable force biologique n'est tout à fait un phénomène nouveau; que le sexe soit considéré comme une nécessité individuelle et sociale, voilà sans doute un phénomène encore plus caractéristique de la révolution sexuelle. Un nouveau mythe s'édifie: la satisfaction sexuelle comme but de l'existence humaine.

La plus grande innovation de la pseudo-révolution sexuelle aura sans doute été philosophique ou, plus précisément encore, éthique: elle aura mis fin à des siècles, peut-être même des millénaires, d'idéalisation de la tempérance sexuelle pour instaurer la valorisation de l'activité sexuelle.

Inauguré par les philosophes grecs et repris en partie par les Romains, l'idéal de tempérance sexuelle, c'est-à-dire de domination de ses désirs et de maîtrise de soi, a été prolongé puis renforcé par la morale chrétienne. Celle-ci fit en effet de la nécessité de supprimer ses désirs sexuels un idéal à atteindre, remplaçant le thème antique de la modération par un modèle, plus sévère et plus absolu encore, de virginité, d'abstinence, de pureté. Saint Augustin établit dès le cinquième siècle de notre ère les attitudes de base de l'Église à l'endroit de la sexualité. La virginité est prônée comme étant l'état idéal. Ce-

_____

(1) J. Birnbaum, *Les joies de la chair*, Sélect, 1977.

pendant, pour ceux et celles qui en sont incapables, le mariage est permis. Comme l'a écrit un pape de l'époque, «*Nous ne prétendons pas que le mariage soit coupable... mais cette union conjugale licite ne peut avoir lieu sans volupté charnelle... qui ne peut, quant à elle, en aucune manière être sans faute*»[2].

L'accouplement fut donc toléré dans le mariage à condition que ce soit dans un but de procréation... et, encore, de façon extrêmement réglementée. La sexualité reste pour les pères de l'Église un mal nécessaire, mais un mal tout de même. Selon l'historien Jean-Louis Flandrin [3], les nombreuses interdictions que l'Église impose aux couples, à compter du sixième siècle, afin de préserver leur salut font que, théoriquement du moins, mari et femme ne disposent que de deux à quatre jours par mois pour copuler. Il y a, en effet, interdiction pendant les règles de l'épouse, la grossesse, quarante jours après l'accouchement et tant que dure l'allaitement; aucun rapport ne doit, non plus, avoir lieu le mercredi, le vendredi, le samedi et, bien sûr, le dimanche, ce à quoi s'ajoutent les périodes de l'Avent, de Noël, du Carême, de la Semaine Sainte, de Pâques, de l'Epiphanie, de l'Ascension et de la Pentecôte, ainsi qu'à la Saint-Jean, la Saint-Michel, la Fête des apôtres, aux douze jours des Quatre-Temps, aux Grandes Litanies, enfin aux jours où on

---

(2) Cité dans *Le fruit défendu*, M. Bernos et autres, Le Centurion, 1985, p. 74.
(3) Flandrin, J-L., *Un temps pour embrasser*, Seuil, 1983.

reçoit la communion. Évidemment, cette sévérité s'est quelque peu atténuée au cours des derniers siècles. Une chose cependant est demeurée: l'idéal de chasteté du catholicisme.

Cet héritage éthique, la révolution sexuelle va le renier et le dénoncer, n'y voyant qu'un reliquat de puritanisme religieux.«*Ouvrons les barrières sexuelles derrière lesquelles nous sommes retenus prisonniers*», proclamera-t-on désormais. Tel Adam et Ève dans l'Éden, le fruit défendu apparaissait comme le bien le plus précieux et le plus convoité, celui qui allait assurément apporter le bonheur éternel, faire des hommes et des femmes les égaux des dieux.

Lorsque, vers les années soixante, la croyance que la lutte contre le refoulement sexuel ne pouvait qu'être bénéfique se répandit, psychologie populaire et vulgarisation freudienne à l'appui, un profond changement de perspectives se produisit. Wilhelm Reich n'avait-il pas établi que «*La névrose étant le résultat d'un refoulement sexuel manqué, la première condition de sa guérison est la suppression du refoulement sexuel et la libération des demandes sexuelles refoulées*» [4] ? Imaginée et expérimentée à partir des années vingt par les élites libérales, cette nouvelle attitude, qui rompait radicalement avec le puritanisme victorien, représentait un progrès certain et nécessaire. Cependant, il devint vite

---

(4) Reich, Wilhelm, *L'interruption de la morale sexuelle*, Payot, 1972 (éd. originale 1931).

évident que ceux qui souhaitaient à tout prix *libérer* notre sexualité partageaient avec ceux qui voulaient la contrôler, la limiter ou l'interdire, la même obsession: le sexe. En effet, libérateur ou démoniaque, le sexe revêt aux yeux des uns et des autres une importance aussi démesurée que les moyens qu'ils comptent mettre en oeuvre pour nous délivrer du ou par le sexe. Dans les deux cas - mal à combattre ou pulsion à délivrer - le sexe est placé au centre même de la vie individuelle et sociale. Les pudibonds avaient leurs livres sacrés et leurs saints; les éclairés, en toute justice, auront eu Freud. Son mérite fut certainement d'avoir redécouvert la planète sexualité, son tort d'avoir cru qu'elle était le centre de notre galaxie.

La nouvelle prétention à tout expliquer par le sexe et à tout ramener à sa logique trahit bien la persistance, par delà la tolérance affichée, de l'obsession toujours présente chez les nouveaux libérateur ou *libérés* du sexe. Se sentant guettés par les dangers du refoulement et menacés par les aléas de la sublimation, les gens n'ont guère retenu de la vulgarisation psychanalytique que le *«sexe c'est important: ne nous en privons donc pas»*. Soulignons, au passage, que rien ne permet encore de vérifier la véracité de la théorie freudienne puisque, comme l'a déjà fait remarquer Karl Popper[5] , le seul moyen de corroborer les assertions avancées par la théorie psycnahalytique est de faire appel à cette

---

(5) K. Popper, *Logique de la découverte scientifique* , éd. Payot, 1973.

même théorie psychanalytique. Par ailleurs, Freud lui-même, en qui on a voulu voir un des pères de la libération sexuelle, n'accordait dans sa propre vie intime, et de son propre aveu, que fort peu de place à la sexualité. A l'âge de 37 ans, il confie à un de ses amis, à propos des relations avec sa femme: «*Nous vivons pour l'instant dans l'abstinence*»[6]. Quatre ans plus tard, se plaignant à ce même correspondant de son humeur dépressive, il déclare: «*En outre, l'excitation sexuelle n'a plus d'utilité pour une personne comme moi*»[7].

Casanova, en son temps, était un cas exceptionnel. S'il avait vécu dans la seconde moitié de ce siècle, son comportement eût sans doute passé inaperçu. Un célèbre auteur de romans policiers, Simenon, ne s'est-il pas vanté d'avoir eu plus de 10,000 partenaires différentes durant son existence, pulvérisant ainsi le record du célèbre Casanova? Quoiqu'il en soit, les personnes qui ont eu des centaines, voire des milliers de partenaires sexuels différents ne semblent plus si exceptionnelles aujourd'hui. Quantité de relations sexuelles et qualité de la vie sexuelle sont devenues synonymes au nom du soi-disant sexe libérateur.

Puisque «*si c'est en forgeant que l'on devient forgeron, c'est en faisant beaucoup l'amour que l'on devient un parfait homo éroticus*»[8], la santé

---

(6) Cité dans *La vie quotidienne de Freud et de ses patients*, L. Flem, Hachette, 1986, p. 182.

(7) Cité dans *Amour et volonté*, R. May, Stock, 1971, p. 55.

(8) Birnbaum, Joseph, *Les plaisirs de la chair*, éd. Sélect, 1977.

sexuelle à laquelle la révolution sexuelle nous exhorte a ses exigences. Si nous nous soucions plus que jamais aujourd'hui de la sexualité ce n'est pas, comme l'auraient fait beaucoup de nos ancêtres, pour la dominer mais pour la satisfaire, lui donner toute l'importance qui, croit-on, lui revient, ne pas tolérer qu'elle soit frustrée puisqu'il en va de notre équilibre tout entier. Etre libre et sans inhibition est la préoccupation angoissante de notre époque, où subrepticement la santé sexuelle se transforme en obligation sexuelle. L'abstinence était une vertu: la voilà transformée en aberration honteuse. Les gens s'inquiétaient auparavant de savoir s'ils avaient trop de sexe: il semble aujourd'hui qu'ils n'en aient jamais assez. La référence et l'incitation à la sexualité ont d'ailleurs envahi le quotidien, que ce soit par le truchement de la publicité ou dans les innombrables courriers, émissions, revues, vidéos et films consacrés à la question: *il faut se réaliser sexuellement* . La sexualité fonctionnant désormais sur un modèle alimentaire (référence très explicite chez un auteur comme Alex Comfort, qui prétend enseigner comment on devient «cordon bleu»[9]), il est déraisonnable de rester sur sa faim! Comme une recette d'ailleurs, la relation sexuelle est aujourd'hui réussie ou ratée. Mourra-t-on bientôt de faim sexuelle?

Plus encore, sous couleur de libération sexuelle et de tolérance, abus, dégradations et violences sexuelles sont parfois présentés comme légitimes

---

(9) Comfort, Alex, *The Joy of Sex* , Simon and Schuster, 1972.

pour ceux dont les dispositions pulsionnelles les y incitent. Par exemple, combien de violenteurs d'enfants ou de violeurs ne se présentent-ils pas comme de pauvres hères cherchant, presqu'innocemment, à soulager leur intolérable frustration? A ce sujet, il est frappant de constater que nombre d'abuseurs minimisent la résistance de leur victime ou encore la considèrent comme une inhibition déplacée! Absorbés par leur propre satisfaction, ils transposent sur les autres leur désir. Voyons donc: *qui refuserait VRAIMENT d'avoir une relation sexuelle?*

Citons le cas de Jacques. Célibataire jusque vers la quarantaine, il épouse alors une veuve, mère de deux garçons. Huit ans plus tard, alors que le plus jeune vient d'avoir 14 ans, un secret éclate: Jacques a depuis trois ans déjà des relations sexuelles avec ce dernier. Sommé d'expliquer sa conduite, Jacques déclare successivement que c'est l'enfant qui lui a fait des avances (le fait de se promener torse nu en été, par exemple), que c'est afin de vérifier si le jeune était bel et bien d'orientation homosexuelle (ce que Jacques condamne avec véhémence, bien que cela semble être de la projection) et que, de toute façon, ce dernier semblait plutôt *«aimer ça»* . Pas un mot sur le chantage, émotif et autre, auquel était soumis le jeune adolescent, pas un mot non plus sur la détresse de ce dernier qui, surmontant sa peur et son angoisse, a fini par se confier à sa mère. En consultation, l'adolescent expliquera que c'est moins le fait d'avoir une relation (homo)sexuelle qui l'a traumatisé que de ne pas l'avoir choisie, celle-ci étant exigée par un adulte pour qui il avait de l'affection et à qui il ne se sentait pas capable de dire non. Malgré quelques remords sans lendemain, l'adulte, lui, ne se sentait responsable ni de ses actes, ni de leurs conséquences. Il avait fait ce qu'il estimait devoir faire. Le sexe souverain n'a de compte à rendre à personne.

Encore faut-il faire remarquer que, malgré ses promesses et ses abus, toute cette entreprise de libération du sexe par le sexe demeure factice et engendre souvent une frustration accrue. Peu importe, en effet, que vous soyez heureux ou pas, ce que notre culture exige, c'est que vous ayiez au moins les apparences de la libération. Une libération qui signifie performance, sensualité, détachement émotif, etc. Elle est le souci premier de tout honnête citoyen qui tient à paraître normal. «*Draguez, séduisez, performez*», nous exhortent sans relâche revues, médias, littératures et thérapeutiques sexuelles. D'où l'angoisse de ne pas être à la hauteur de ces obligations sociales.

Toute une codification et tout un arsenal de techniques viennent cependant à la rescousse des indécis et des angoissés. Codification qui vous dira comment et qui séduire, où et quand, selon quelles tactiques, etc. Les traités de bienséance de notre jeunesse ont sans doute été remplacés par ces tonnes de livres traitant du bon usage génital contemporain: *Comment faire l'amour à une femme*, *Comment faire l'amour à un homme*, *L'orgasme au pluriel*, *Les jois du sexe* (en éditions différentes selon que vous vous identifiez comme homme ou femme, hétérosexuel ou homosexuel), etc., ad nauseam! Le plus étonnant, dans la majorité de ces bouquins, c'est que la sexualité y soit présentée, implicitement ou explicitement, quasi comme *la solution* aux problèmes de l'existence. «*Le sexe est le seul endroit où nous pouvons aujourd'hui apprendre à traiter les personnes comme des personnes*», proclame Alex Comfort[10]! Alors que la conséquence la plus frappante de l'idéologie du sexe obligatoire est précisément d'en faire un problème: problème pour l'individu qui n'a de cesse d'obtenir ce sexe garant de santé physique et mentale, et ce jusqu'à en devenir angoissé ou prisonnier, problème pour la collectivité qui doit assumer les abus que cette rhétorique sert alors à justifier et à perpétuer.

«Qu'à cela ne tienne», dira-t-on: le développement des sciences sexologiques qu'a suscité la révolution sexuelle n'a-t-il pas permis d'élaborer des techniques qui permettent précisément de traiter les défaillances et même les incapacités sexuelles? Ejaculation précoce, anorgasmie, impuissance primaire ou secondaire, homosexualité non désirée, etc., ce sont tous là des *problèmes* qui, grâce aux lumières de Masters et Johnson, se *soignent* désormais. Sans aucun doute, le célèbre couple a-t-il pu aider des personnes à atteindre une vie sexuelle plus satisfaisante. Cependant, l'effet secondaire, sinon paradoxal, le plus remarquable de leurs travaux (et de tous ceux du même type) a été d'instaurer des normes de performance plus précises que jamais en ce qui concerne l'acte sexuel et, ce faisant, de créer des

---

(10) Précédemment cité.

nouvelles dysfonctions à mesure que les gens qui ne correspondaient pas aux standards établis prenaient conscience de leur différence, donc de leur *problème* . Autrement dit, Masters et Johnson, et leurs émules, contribuent à engendrer les anomalies qu'ils dénoncent et à augmenter ainsi leur clientèle. Par exemple, le mythe de l'éjaculation précoce est susceptible de provoquer de l'angoisse chez ceux qui se sentent concernés par celle-ci, voire chez tous les hommes qui, surveillant dès lors leur manquement possible, s'inquiéteront au moindre signe de «précocité».

Libéré, le sexe? Disons plutôt qu'il est devenu obligatoire. Et pas seulement dans son exercice régulier mais jusque dans ses sensations et ses techniques les plus intimes. Maintenant qu'on lui a, croit-on, arraché ses secrets, le sexe, gage de santé et de bonheur, serait notre devoir. Et le plaisir notre ordinaire.

La sexualité programmée de l'intérieur (par soi-même) remplace maintenant la sexualité surveillée de l'extérieur (par les censeurs). Les gens demandent désormais d'eux-mêmes qu'on les traite afin de les rendre conformes au *bon sexe illustré* [11]. La multiplication des gadgets et des exercices fastidieux n'épuise pas leur volonté de performance. Par ailleurs, ceux qui n'ont pas de sexualité étant considérés moches ou malsains, la ruée vers les par-

(11) Titre d'un livre de Tony Duvert, *Le bon sexe illustré* , éd. de Minuit, 1974.

tenaires sexuels est de mise. Bref, le sexe obligatoire n'est décidément pas une sinécure. C'est ce que André Béjin, observateur narquois de la sexualité occidentale, a magnifiquement illustré lorsqu'il décrit les impératifs de la révolution sexuelle: «*Etre hédoniste de façon ascétique, sensuel de manière hyperintellectualisée, avoir le sentiment de participer et d'agir et cependant rester spectateur, être spontané en ne cessant de programmer ses comportements, être indépendant dans la subordination à des normes définies par autrui et, pourrions-nous encore ajouter, vouloir se sentir différent tout en souscrivant à l'idéal d'uniformité, aspirer à la durée et souhaiter pouvoir s'abîmer dans le moment présent, être frustré dans la satisfaction, inquiet dans la sécurité*»[12].

(12) Extrait du texte *Le pouvoir des sexologues et la démocratie sexuelle* , dans *Sexualités occidentales* , numéro 35 de la revue Communications, Seuil, 1982, p. 187.

DOMINANTS / DOMINÉS

«*Je suis à la recherche de celui qui aime être dominé par une maîtresse autoritaire. Je m'habille souvent de cuir et j'aime un homme à mes pieds. Tu devras me servir et m'appeler maîtresse.*»

«*Maître cherche une vraie femelle masochiste entre 19 et 55 ans pour un esclavage permanent comme ma soumise, docile et toujours obéissante esclave. Tu seras humiliée, dégradée, disciplinée, recevras des coups, des douches d'urine, etc.*»

«*Belle occasion pour un jeune homme obéissant et soumis, intègre, intelligent, musclé, beau, qui s'accepte tel qu'il est. Je suis un homme dominant, maître, équilibré. Tu dois être prêt à être ma totale possession que j'exprimerai par le rasage et peut-être le perçage. Ta vie et ta sexualité connaîtront de l'expansion.*»

«*Femme aimant l'amour sous toutes ses formes, je suis à la recherche de belles femmes qui aiment se faire mener de la tête aux pieds.*»

«Jeune homme désire être dominé par une femme sous tous ses fantasmes, elle peut me faire n'importe quoi, je serai un esclave docile ».

Ces extraits d'annonces personnelles glanées dans divers journaux montrent bien à quel point le pouvoir fait partie intégrante, chez certains, de leur sexualité. S'ils ont au moins l'honnêteté d'annoncer clairement leurs couleurs et de lancer un appel aux personnes consentantes, tel n'est pas le cas lors des très nombreuses situations de viol, de harcèlement sexuel, de violence perpétrée sous le couvert de relations sexuelles, d'asservissement de femmes et de jeunes dans la pornographie et la prostitution. Sans oublier toutes ces oppressions plus subtiles qui, tel le sexisme ou la possessivité par exemple, font malheureusement partie du quotidien. Comment ne pas constater que la sexualité est souvent prisonnière du pouvoir? Et pas seulement du pouvoir dans ses manifestations violentes et tyranniques, mais aussi du pouvoir socialement banalisé comme l'illustrent, par exemple, ces nombreux hommes encore convaincus que les femmes sont faites pour être soumises à leur volonté et pour être sexuellement dominées par la puissance de l'Homme. Un autre exemple, plus original et plus inattendu, est fourni par la récente vogue des pratiques sado-masochistes comme étant *bon chic bon genre* . Sommet: ce groupe de lesbiennes féministes radicales sado-masochistes de San Francisco, «SAMOIS», dénoncé par presque l'ensemble du mouvement des femmes et des autres organisations lesbiennes. Si la sexualité a sans doute toujours été plus ou moins modelée par le pouvoir, le fait d'y voir là le nec plus ultra de la libération est plus récent... et plus dangereux.

Bien sûr, privilégier le pouvoir et même la violence comme sources d'excitation sexuelle n'est pas chose nouvelle. Le marquis de Sade, en son époque, en fut le talentueux propagateur. Les tortures physiques et les sévices sexuels imposés de tout temps en période de guerre ou de fascisme par les vainqueurs sur les vaincus fournissent une triste démonstration de l'universalité du couple abus de pouvoir/abus sexuels. Ce qui peut sembler surprenant, c'est que la prétendue révolution sexuelle n'ait nullement affaibli ce modèle mais qu'elle l'ait plutôt valorisé et même banalisé (tel qu'un survol du matériel sexuel disponible - revues, films, vidéos, etc. - le démontre éloquemment).

Si la libération sexuelle des trente dernières années a semblé battre en brèche les pouvoirs extérieurs qui tentaient de régir la sexualité, elle a simultanément incorporé plus que jamais le pouvoir *dans* la sexualité. Mais que le pouvoir soit exercé de l'extérieur (morale puritaine, répression), ou de l'intérieur (relations dominants/dominés), il n'en demeure pas moins omniprésent. Faut-il vraiment s'en étonner?

Même si les théoriciens du comportement humain ont souvent mis l'accent sur les présumées causes internes pour expliquer les comportements sexuels, il reste que les buts poursuivis à travers ces comportements en constituent le moteur principal.

«*Dès lors que, cessant de considérer toutes les conduites humaines comme l'aboutissement de quelques forces intrapsychiques ou physiologiques iné-
luctables, nous sommes disposés à concevoir les
comportements comme étant [consciemment] orientés vers des résultats concrets pour les personnes
qui les posent, nous en arrivons à une analyse bien
différente [des analyses traditionnelles]. Les comportements humains, y compris les comportements
sexuels, n'apparaissent alors plus comme les conséquences ultimes de LA biologie ou de LA psychologie humaine, mais plutôt comme des stratégies (ou
éléments de stratégies) d'acteurs sociaux désirant atteindre par ces comportements certains résultats. La
poursuite des résultats escomptés représente donc
le moteur de l'action. Ceci, d'autant plus que les
gains résultant ou pouvant résulter des conduites
sexuelles débordent généralement le cadre de la seule satisfaction sexuelle pour inclure, selon le cas, la
valorisation personnelle, la sécurité affective, la reconnaissance de la part du partenaire, le gain matériel, le maintien de son image sociale, etc.*» [1]. Par
conséquent, non seulement la sexualité suppose
l'élaboration consciente de scénarios relativement
précis décrivant ce qui sera excitant pour l'individu
mais encore, et ce point-là est primordial, ces scénarios sont nécessairement construits à partir de ce
qui est culturellement présenté comme source possible de plaisir. Quand on sait l'importance accordée
au pouvoir et à la domination dans nos sociétés,
tant au niveau personnel, professionnel, économi-

---

(1) *La sexualité plurielle*, p. 50.

que, que politique, comment se surprendre de le voir façonner aussi la sexualité?

En fait les principes d'ISOMORPHISME entre relations sexuelles et rapports sociaux et de SYMBOLISME attaché à ces relations ont toujours caractérisé la sexualité humaine depuis l'époque fort lointaine où elle s'est démarquée des automatismes biologiques propres aux espèces animales dites plus primitives. Autrement dit, quand le cerveau a graduellement pris la relève des hormones dans la détermination de nos comportements sexuels, il a bien fallu donner à ces actes des modèles (quoi et comment faire) et des significations (pourquoi faire). L'organisation en clans puis en société de nos ancêtres a fait que c'est au sein de sa communauté que l'être humain a appris à donner du sens à sa sexualité. Si l'empreinte individuelle est, depuis lors, plus que jamais présente dans notre sexualité à cause du rôle déterminant qu'y joue le cerveau, donc l'imagination, elle est circonscrite par l'influence, sinon le conditionnement de notre environnement. D'où le principe d'ISOMORPHISME, en vertu duquel les rapports sociaux présents dans une société se retrouvent transposés dans la sexualité de ses membres (et vice versa) et le principe de SYMBOLISME, en vertu duquel les actes et les comportements sexuels sont, comme tout autre acte ou comportement à l'intérieur d'une société donnée, dotés de significations individuelles et sociales qui transcendent la seule satisfaction sexuelle et, singulièrement, la stimulent. Quelques exemples aideront à comprendre et à clarifier ces deux phénomènes.

Michel Foucault fournit une illustration du phénomène d'isomorphisme chez les Grecs de l'Antiquité lorsqu'il souligne que:

«*Le rapport sexuel - toujours pensé à partir de l'acte modèle de la pénétration et d'une polarité qui oppose activité et passivité - est perçu comme de même type que le rapport entre le supérieur et l'inférieur, celui qui domine et celui qui est dominé, celui qui soumet et celui qui est soumis, celui qui l'emporte et celui qui est vaincu (...). Et à partir de là, on peut comprendre qu'il y a dans le comportement sexuel (masculin) un rôle qui est intrinsèquement honorable, et qui est valorisé de plein droit: c'est celui qui consiste à être actif, à dominer, à pénétrer et à exercer sa supériorité (...). En revanche, tout ce qui dans le comportement sexuel pourrait faire porter à un homme libre (...) les marques de l'infériorité, de la domination subie, de la servitude acceptée ne peut être considéré que comme honteux: honte plus grande encore s'il se prête comme objet complaisant au plaisir de l'autre*»* [2].

Dans la société médiévale, les modèles d'abnégation de soi et d'obéissance à l'autorité religieuse et civile, promus par une Église longtemps omni-

(2) M. Foucault, *L'usage des plaisirs*, éd. Gallimard, 1984, p. 237.

potente, ont sans doute contribué à la vision occidentale de la passion amoureuse: torturante et torturée. Le Christ n'est-il pas mort sur la croix par amour pour le genre humain et par obéissance à son père céleste? L'esprit de sacrifice et la déférence face à l'autorité qui étaient demandés aux fidèles dans leur vie de tous les jours se retrouveront évidemment dans leur vie sexuelle, sous menace de sanctions externes et de culpabilisation interne.

Plus près de nous, le viol, le sado-masochisme, l'asservissement des femmes et des jeunes dans la prostitution ou la pornographie, loin d'être des mésadaptations sociales, constituent au contraire des attitudes tout à fait cohérentes, en accord avec la survalorisation sociale de la domination et l'appropriation. Il serait bien naïf de croire que la domination et l'appropriation tant valorisées socialement se cantonnent aux domaines de la vie économique ou politique. Au contraire: les valeurs-types d'une société se répercutent immanquablement sur tous les aspects, y compris sexuels, de la vie de ses membres. Le principe d'isomorphisme société-sexualité, c'est cela.

Vue sous cet angle, la relation de sujétion qu'on retrouve dans la pornographie, par exemple, n'a rien d'exceptionnel. On la côtoie tous les jours autant dans les rapports entre les états, entre patrons et employés, que dans les relations éducatives et familiales. L'apprentissage et l'intégration de la dualité dominant/dominé s'effectuent donc ailleurs que dans la pornographie. Celle-ci ne fait que reprendre et que renforcer des schèmes culturels existants. La porno n'invente pas la violence, elle l'érotise. S'ouvre ainsi un marché de plus à l'exploitation de la violence.

Parlons maintenant du symbolisme présent dans la sexualité. La glorification et la recherche du pouvoir qui caractérisent nos sociétés ne font pas que peser sur nos façons d'aimer, de désirer et d'atteindre le plaisir sexuel. En l'infiltrant, le pouvoir reconnaît la sexualité comme ACTE SOCIAL porteur de significations et de messages pour les individus et pour la communauté. Depuis que l'humain est doué de conscience et qu'il contrôle sa sexualité, celle-ci a cessé d'être un pur mécanisme pulsionnel pour devenir un acte, c'est-à-dire un geste intentionnel, doté de significations individuelles et sociales hautement symboliques.

Les croyances magiques et les rites sexuels des peuplades dites primitives nous ont longtemps médusés. Sommes-nous seulement conscients que nous possédons aussi nos croyances magiques et nos rites en matière de sexualité? Nos mythes de la sexualité-libération ou, à l'inverse, de la sexualité-déchéance ne sont rien d'autre! Quant au mariage, au flirt et jusqu'aux prescriptions sexologiques pour mieux atteindre l'orgasme, ne représentent-ils pas aussi des rites, au même titre que ceux des peuples jugés les plus exotiques? Les interactions inhérentes à la sexualité relèvent, comme toute autre action, de logiques individuelles et sociales porteuses de sens et de symboles. Qu'ils soient marginaux ou partagés par le plus grand nombre, les croyances et les rites qui donnent à la sexualité sa dimension symbolique ont une double fonction: limiter la conduite des individus selon des finalités valorisées par la collectivité (par exemple: former un couple, prouver qu'on peut plaire, etc.) et protéger ces mêmes individus contre l'anxiété qui pourrait naître de nouvelles expériences (par exemple: devenir enceinte, séduire un nouveau partenaire, etc.)

Nombre de personnes ont ainsi recours à une ritualisation sexuelle utilisant la domination, l'asservissement et même la violence, afin de se valoriser elles-mêmes («*j'ai du pouvoir sur l'autre*») et de combattre les inconforts, peurs ou angoisses qu'elles ressentent dans la rencontre physique avec l'autre («*je maîtrise la situation*»). A quoi sert en effet la violence, y compris la violence sexuelle, sinon à affirmer son pouvoir sur l'autre? La violence en tant que preuve de sa capacité d'affecter les autres et de les obliger à reconnaître son existence et son pouvoir est un phénomène de plus en plus reconnu. Comme l'écrivait Rollo May:

> «*La violence est l'ultime substitut destruc-teur qui surgit pour emplir le vide à l'endroit où n'existe aucune communication [...]. Quand la vie intérieure se dessèche, quand le sentiment décroît et que s'accroît l'apathie, quand on ne peut affecter ni même authentiquement toucher une autre personne, la violence explose en tant que besoin démoniaque de contact [...], forçant le contact de la façon la plus directe possible. C'est là un aspect de la*

relation bien connue entre les sensations sex-
uelles et les délits de violence. Infliger de la
souffrance et des tortures est du moins la
preuve que l'on peut affecter quelqu'un» [3].

Des études faites sur des anciens tortionnaires nazis [4] ont montré que derrière les cruautés
perpétrées se camouflaient une grande insécurité
personnelle et une identité si faible que ces individus étaient prêts, par conformisme, à adopter n'importe quel modèle de comportement pourvu qu'il
soit socialement ou politiquement valorisé. Sortir
de l'anonymat, être important pour quelqu'un (en
le faisant souffrir), mais aussi se montrer viril c'est-
à-dire insensible à la souffrance d'autrui, voilà bien
les gratifications qu'ils retiraient des humiliations,
brutalités et tortures infligées aux prisonniers.

Quel lien existe-t-il entre l'attitude sadique
des tortionnaires nazis et la révolution sexuelle?
Sans doute aucun. Pourtant le culte et même l'érotisation de la violence constatés dans l'ensemble de
notre culture, que ce soit à la télévision (combien
de meurtres par soirée?), dans la pornographie ou
dans l'idéologie guerrière (et sa rentable industrie),
provoquent vraisemblablement une similaire dé-
sensibilisation quant à la souffrance des autres. De
plus, cette violence est susceptible de séduire bon
nombre de personnes aliénées par une société
impersonnelle, où le vide existentiel côtoie le senti-

---

(3) R. May, *Amour et volonté*, Stock, 1971.
(4) H.V. Dicks, *Les meurtres collectifs*, Calmann-Lévy, 1973.

ment d'incontrôle sur son existence: elle les confirme dans leur pouvoir sur leur propre vie et sur celle des autres. Enfin, le sadique, en traitant l'autre en objet, lutte contre ses propres sentiments, essayant même de les annihiler. Il s'assure ainsi de minimiser, sinon d'empêcher, le pouvoir que l'autre pourrait avoir sur lui. Surtout: ne pas se laisser attendrir, ce qui provoquerait des sentiments dont il a précisément peur. Car se laisser aller à des sentiments c'est reconnaître sa sensibilité, sa vulnérabilité, c'est s'ouvrir à l'autre, enlever sa carapace. Cela, il le redoute comme le pire danger: être touché par les autres, c'est porter une responsabilité dont il ne veut pas.

L'équation pouvoir = violence = virilité et puissance sexuelle n'a eu aucune difficulté à s'insérer dans la sexualité occidentale. Il est vrai que notre héritage en matière de sexualité représente une terre d'élection pour l'idéologie sadique. Lorsque le plaisir sexuel a été présenté durant des siècles comme plus ou moins illicite et l'abstinence proposée comme rempart à ce prétendu dérèglement, il n'est guère étonnant qu'une corrélation s'établisse entre sexualité, interdit et châtiment. Dans la porno sadique, par exemple, la personne dominée est punie par le dominant pour l'attrait sexuel qu'elle exerce sur lui. Souvent, la femme y est traitée de «chienne, salope, putain», tous des termes qui lui font porter l'odieux de ce qui lui arrive. La victime elle-même est incitée à considérer sa souffrance comme méritée: elle doit expier sa faute d'avoir suscité le désir. Dans la même logique, le dominant châtie l'autre pour toutes les frustrations (et pas que sexuelles!) emmagasinées: «*Tu vas payer pour toutes les autres!*» . Il s'agit là d'un rite expiatoire. Punition et vengeance font partie d'un juste retour des choses.

Dans le sadisme sexuel, tout se passe comme si la puissance de séduction de l'autre, dangereuse puisque rendant vulnérable, devait être exorcisée, harnachée par le contrôle et la violence qui sont exercés sur cette personne. Le désir débouche alors sur la volonté de maîtrise de l'autre et de la relation. D'autant plus que la culture du narcissisme qui préside à l'ère de la consommation, de la compétition et de la performance sexuelle centre plus que jamais l'individu sur la nécessité «d'être reconnu» par autrui. Or, violenter quelqu'un, c'est le forcer à reconnaître qu'on existe et qu'on a du pouvoir sur lui. Beaucoup de gens, s'ils ne peuvent arriver à la reconnaissance d'autrui par la séduction ou par l'amour, la rechercheront, frustrés, par la violence et la haine.

Enfin, les hommes ont de tous temps été conditionnés à utiliser le pouvoir dans leurs rapports sociaux, y compris dans leurs relations sexuelles. La sensibilité et le charme sont encore considérés par beaucoup d'hommes comme des comportements féminins, aussi les rejettent-ils volontiers pour les remplacer par la persuasion du pouvoir, de l'argent et même de la force physique. Plus encore, l'exercice du pouvoir et de la violence est presque devenu un des sports masculins favoris! Que ce soit dans la boxe, la lutte et les autres sports de contact, sans oublier la chasse et les occupations supposées les plus nobles comme la guerre, la répression des déviants ou la domination politique, pouvoir et violence se retrouvent au coeur du concept de virilité et trop souvent au coeur même de l'existence des hommes. Pas étonnant que ce pouvoir et cette violence occupent fréquemment une place de choix dans leur sexualité.

J'en veux pour preuve la fascination exercée par l'avilissement d'autrui, phénomène qu'on retrouve à profusion dans le matériel pornographique. Comment peut-on apprécier par exemple le spectacle de femmes ou de jeunes forcés de subir des sévices physiques ou des relations sexuelles (parfois même avec des animaux) à moins de vouloir se prouver ainsi qu'on a tout pouvoir sur eux et d'en jouir littéralement? De retour d'un voyage «de plaisir» à New-York, quelqu'un me racontait comment il avait trouvé «exotique» le spectacle d'une femme se faisant pénétrer à la fois le vagin et le rectum par deux serpents, ainsi que celui d'un jeune homme dans l'anus duquel un adulte plutôt costaud entrait ses deux poings jusqu'aux avant-bras! Le plus surprenant, c'est non seulement que ces démonstrations, qui relèvent presque du fakirisme, soient présentées comme sexuellement excitantes mais encore que des hommes et des femmes apparemment sains d'esprit paient en bons touristes pour y assister. L'avilissement d'autrui est devenu chose acceptée et presque banale. On en a même fait un spectacle rentable.

Le cas de Normand est éloquent. Professionnel dans la quarantaine, Normand tire une grande fierté de sa «chambre de torture» à usage sexuel. Tout le matériel nécessaire pour attacher, battre et violenter quelqu'un y est réuni, et presque invariablement c'est là qu'il a ses activités sexuelles. Ce qui saisit lorsqu'on discute avec lui, c'est d'une part son angoisse d'être rejeté par autrui, laquelle il tempère par un détachement feint à l'égard de toute émotion, et d'autre part sa volonté de maîtrise sur les autres, qui se manifeste notamment par sa certitude d'avoir de l'ascendant sur tous les gens qu'il rencontre. Sa peur du rejet et sa crainte de perdre le contrôle qu'il croit exercer sur les autres entretiennent une constante frustration qu'il libère par le truchement de son rituel sado-masochiste. Ce dernier lui permet en effet de maîtriser, tant concrètement que symboliquement, son ou sa partenaire (à la limite, le sexe du partenaire lui importe peu), prouvant ainsi à lui-même et à l'autre qu'il contrôle la situation. Ainsi, les activités sado-masochistes de Normand lui procurent une satisfaction en termes d'estime de soi qui dépasse la seule excitation sexuelle tout en la renforçant. Il apparaît manifeste que le pouvoir est plus important et, en un sens, plus érotisé par cet homme que la sexualité elle-même. C'est bien là l'aboutissement logique du sado-masochisme.

Cette dynamique nous rappelle une vérité applicable à chacun de nous: le plaisir sexuel ne dépend pas uniquement de la sensation de nos organes génitaux ou de notre corps, mais aussi de l'interprétation ou de la signification qu'en donne notre psychisme. L'important c'est moins, par exemple, qu'une main nous caresse ou même nous frappe, que la réponse aux questions: à qui appartient cette main, que fait cette personne, dans quel but, est-ce supposé être excitant ou pas? C'est pourquoi l'imagination, le phantasme, la signification, bref, toute la symbolique présente dans le rapport sexuel, jouent un rôle déterminant. C'est ce que j'appelle le symbolisme sexuel.

La popularité du sado-masochisme, de la pornographie sadique ou de la prostitution désormais présentés comme outils de libération légitime est significative. Si le pouvoir demeure aussi bien ancré dans la sexualité, même au lendemain d'une prétendue révolution sexuelle, c'est qu'il est resté au coeur même de notre société, de nos relations et de nos valeurs. Pour nous libérer du pouvoir, la révolution sexuelle aurait dû se doubler d'une révolution sociale d'envergure. Prisonnière du pouvoir, la sexualité l'est assurément toujours. Le changement réside dans le fait que l'utilisation consciente du pouvoir dans la sexualité passe maintenant pour de la libération, tel que l'illustrent par exemple les théories en vogue sur le sado-masochisme ou sur les vertus exorcisantes, voire thérapeutiques de la pornographie, même la plus violente [5].

---

(5) De perspicaces analyses critiques ont été formulées à propos de ces deux sujets, respectivement dans *Against Sadomasochism*, édité par Robin Ruth Linden et autres, Frog in the Well, California, 1982 et *L'envers de la nuit*, édité par Laura Lederer, Remue-Ménage, 1983, ainsi que *La violence pornographique*, R. Poulin et C. Coderre, Asticou, 1986.

La soi-disant libération sexuelle des uns a trop souvent signifié l'oppression ou l'esclavage des autres. Or, une *libération* qui ne libère pas tout le monde ou qui, au contraire, inériorise ou aliène un grand nombre de personnes en est-elle vraiment une? Ainsi, la libération sexuelle des hommes faisant partie d'une certaine élite n'a-t-elle pas impliqué l'exploitation sexuelle des femmes et des jeunes, l'embrigadement des autres hommes à leur idéologie et la commercialisation du corps et de la sexualité? Ceci n'est-il pas, en fait, à l'opposé d'une libération collective et sociale au profit de tous et par tous? Les abus sexuels commis sur les enfants et les femmes ne se font pas en dépit de la révolution sexuelle mais, au contraire, suivent en grande partie la logique de cette pseudo-libération enracinée dans l'individualisme, l'exploitation, le pouvoir et la violence.

Le meilleur indice qu'une véritable libération sexuelle n'a pas encore eu lieu est sans aucun doute l'étendue de la pornographie, de la prostitution, de l'exploitation et de la violence sexuelle sous toutes ses formes. Sont-ce bien là les signes d'une libération ou, au contraire, d'une aliénation qui perdure sous un déguisement trompeur? Comme l'écrivait le docteur Claude Olievenstein, horrifié par la visite d'un club sado-masochiste new-yorkais:

> «*S'il est important d'aller jusqu'au plus profond de soi-même, ce ne saurait être par des voies qui conduisent à une nouvelle aliéna-*

tion, pire encore que le conformisme ou les mutilations intérieures qui nous accablent. A quoi bon substituer la mort à la mort?» [6]

Contrairement à ce que croyait Reich, qui voyait presque dans le progrès de la liberté sexuelle la panacée à tous les maux, la sexualité en elle-même n'est ni bonne ni mauvaise. Elle porte cependant toutes les virtualités; elle peut servir à exprimer aussi bien la tendresse que la froideur, l'attachement que le dégoût, l'amour que la haine. Il n'appartient qu'à nous d'en décider.

---

(6) C. Olievenstein, *La drogue ou la vie*, Stock, 1983.

SURENCHÈRE

Au début des années soixante-dix, le film *Deep Throat* (Gorge profonde) eut un énorme succès de scandale. Une jeune fille y découvrait que son clitoris était logé dans sa gorge, d'où son recours effréné à la fellation pour obtenir tout plaisir sexuel. La vedette du film, Linda Lovelace, était son nom d'artiste, devint presque un symbole de la libération sexuelle. Voilà pour l'histoire officielle. L'envers du décor est moins reluisant. Il s'avéra, quelques années plus tard, que Linda Lovelace avait été violentée et soumise à de constantes menaces par son époux et imprésario lorsqu'elle accomplit ses célèbres « performances». Connaissant son aversion pour les actes de bestialité auxquels il l'avait déjà contrainte sous la menace d'un revolver, son conjoint avait installé un molosse à la maison; terrorisée à la pensée d'être sexuellement soumise à l'animal, Linda obéissait aveuglément à son mari et feignait de prendre plaisir à des activités sexuelles qu'elle considérait humiliantes et avilissantes. L'ex-star du porno s'est finalement enfuie, divorcée et remariée plus heureusement. Seule séquelle: elle n'arrive plus désormais à prononcer le mot *chien* (*dog* dans sa langue maternelle).

Quelques années après la sortie de *Deep Throat*, un autre film devait faire beaucoup parler de lui. Le film *Snuff* présentait la torture et la mutilation d'une jeune femme à des fins d'excitation sexuelle. Déjà tout un programme... Un film porno comme tant d'autres, direz-vous? Le hic est dans ce qu'on découvrit bientôt: pour rendre leurs images plus vraisemblables auprès d'un public raffiné, les réalisateurs du film avaient VRAIMENT supplicié et tué leur figurante principale!

L'escalade de la violence dans la pornographie illustre bien l'effet de saturation qu'elle produit chez son public. A voir sexe et violence associés constamment, non seulement développe-t-on de l'accoutumance mais encore, pour pallier l'insensibilisation croissante qui en résulte, réclame-t-on toujours davantage de sensations fortes susceptibles de raviver une sensibilité et une excitabilité émoussées. Progresse ainsi cette surenchère de l'offre et de la demande dans la violence pornographique, dont le *snuff* (appellation désormais donnée aux films dans lesquels les actrices ou les acteurs sont vraiment mutilés et même tués) constitue l'aboutissement ultime.

Dans sa recherche incessante de sensations physiques et sexuelles toujours plus intenses, l'individu en vient paradoxalement à affaiblir sa capacité de ressentir de l'excitation à l'égard des personnes et des situations définies comme sexuelles. Voyons comment.

Nous avons vu précédemment, qu'en vertu des principes d'isomorphisme et de symbolisme qui la régissent, la sexualité humaine est stimulée non seulement par des partenaires et des actes sexuels mais aussi par les significations qui leur sont apposées. C'est pourquoi il semble bien que la *complémentarité* et la *résistance* soient deux déclencheurs nécessaires à l'érotisation de partenaires et d'activités sexuelles.

Comme je l'écrivais déjà dans *La sexualité plurielle* à propos de la complémentarité recherchée dans la sexualité, *«il ne s'agit nullement là de la notion simpliste de complémentarité masculinité-féminité (...) qui ne correspond guère au vécu immensément plus riche et plus complexe de la majorité des individus. Si nos contemporains recherchent chez leurs partenaires amoureux ou sexuels la COMPLÉMENTARITÉ, c'est qu'ils aspirent à combler par la fusion physique (et, de façon plus générale, par la fusion amoureuse) les déficits ou les manques (réels ou imaginés, physiques ou psychologiques), qu'ils ressentent».* Quant à la RÉSISTANCE inhérente à l'érotisation, elle consiste en l'existence d'un obstacle à franchir, d'une distance à combler, d'un défi à relever. *«La résistance susceptible de créer un obstacle ou une tension à surmonter afin d'accéder au partenaire désiré peut revêtir plusieurs formes: séparations de sexes, d'âges, de statuts ou de classes sociales, éloignement physique, réticence du partenaire convoité, désapprobation sociale, etc., qu'elles soient réelles, symboliques ou imaginaires, ne constituent que quelques exemples de barrières*

pouvant déclencher ou encourager le désir puis l'é-
rotisation d'un partenaire. Les conceptions négati-
ves qu'a longtemps entretenues notre culture à l'é-
gard de la sexualité peuvent aussi être considérées
comme autant de résistances en elles-mêmes»[1].

Ce que je veux maintenant souligner, c'est que ces déclencheurs traditionnels de la sexualité et même de l'amour que sont la complémentarité et la résistance ont, dans le sillage de la révolution sexuelle, tellement perdu de leur force que bien des gens sont maintenant désensibilisés au plan de l'excitation sexuelle et de l'élan amoureux. D'où l'inflation constatée chez nombre de personnes à qui il faut toujours plus d'excitation et d'exotisme pour *ressentir encore quelque chose.*

En somme, la culture de la libération sexuelle a incité les individus à ressentir de plus en plus de manques et de besoins à combler et même de frustrations à soulager au moyen de la sexualité. Concurremment, la révolution sexuelle a été l'occasion d'une valorisation sans précédent de l'individualisme et de la consommation de partenaires, de biens et de services sexuels supposés satisfaire nos besoins. Cependant, le caractère éphémère et illusoire des satisfactions obtenues à travers un individualisme qui empêche d'avoir des relations enga-

---

(1) *La sexualité plurielle* , Prétexte, Montréal, 1982.

gées avec autrui et une logique de consommation qui réduit les partenaires à des objets, fait en sorte que la complémentarité sexuelle recherchée est de plus en plus difficile à ressentir et à obtenir. Pas surprenant que le sentiment de vide affectif qui en découle mène à une insensibilisation et même à une insatisfaction croissantes.

Persuadés que la sexualité est la nécessaire solution à leurs problèmes et leurs frustrations, bon nombre d'individus deviennent agressifs envers ceux et celles qui refusent de sacrifier à leurs besoins sexuels. Ainsi, Normand, dont nous avons déjà parlé: sa hargne à l'égard des autres et sa volonté de les soumettre littéralement à ses désirs montrent combien il a intériorisé une des règles implicites de la libération sexuelle: *se libérer par tous les moyens et s'il le faut au détriment des autres, car la sexualité est une nécessité, pour ne pas dire un droit* . Le client de la prostitution et, plus encore, le harceleur et l'abuseur suivent la même logique: ils prennent ce dont ils estiment avoir besoin, par la violence s'il le faut. Lorsqu'une certaine philosophie de libération met l'accent sur la légitimité pour chacun de se procurer les partenaires qui lui sont complémentaires sans insister de façon équivalente sur sa responsabilité vis-à-vis de ces partenaires, qui se surprendra que l'agressivité se substitue à la séduction et que la violence remplace le respect de l'autre?

Le degré de résistance nécessaire entre partenaires pour que l'érotisation entre ces derniers soit possible s'est aussi vraisemblablement amoindri à mesure que les prescriptions religieuses, morales et légales puritaines étaient peu à peu bannies par la révolution sexuelle. Ceci d'autant plus que ces barrières extérieures chancelantes n'ont guère été contrebalancées par des résistances intérieures. Au nom de la libération, résister aux avances d'autrui devenait soi-disant dépassé, propre aux gens complexés ou «coincés». Etre bien dans sa peau, être «à la mode» signifia bientôt être disponible sexuellement et prêt à connaître toutes les aventures auxquelles le sexe nous conviait. «*La révolution sexuelle me dit que je suis anormale si je ne désire pas faire cela avec le premier venu ou la première venue. Je suis uniquement libre de dire «oui» »*, fait remarquer une répondante du Rapport Hite [2]. Ne rien réprimer en soi-même ou chez les autres, tout essayer, donner son sexe comme on donne une poignée de main, les règles de la révolution sexuelle banalisent la sexualité. Aussi ne faut-il pas se surprendre si de nouvelles résistances sont maintenant érigées, grâce à l'érotisation du danger, de l'interdit, du pouvoir et même de la violence.

A ce sujet, il est difficile de ne pas être d'accord, pour une fois, avec Freud, qui écrit:

> «*On peut démontrer sans difficulté que la valeur psychique des besoins érotiques est réduite à mesure que leur satisfaction devient facile. Il faut un obstacle afin de hausser le niveau libidinal: et là où les résistances naturel-*

---

(2) S. Hite, *The Hite Report*, Dell, 1976, p. 458.

les à la satisfaction n'ont pas été suffisantes, les hommes en ont de tout temps érigé de conventionnelles, de manière à pouvoir jouir de l'amour (...)» [3].

Dans une société comme la nôtre, qui a vu si rapidement tomber ses obstacles traditionnels à l'encontre de la sexualité, résistances qui contribuaient néanmoins à lui donner de l'attrait, l'établissement de nouvelles résistances et même de nouvelles frontières à franchir ne doit pas étonner. Ce qui choque davantage c'est le fait que ces nouvelles résistances soient maintenant recherchées dans le fréquent changement de partenaires (tout nouveau, tout beau), dans les exigences croissantes posées à ces derniers (être totalement désinhibé, être «maître» ou «esclave») et dans des pratiques sexuelles dangereuses (le *fist fucking*, la scatophagie), interdites (l'exhibitionnisme, l'inceste), tyranniques (le sadomasochisme, la prostitution) ou violentes (les abus sexuels, le viol).

Aller toujours plus loin, voilà la devise et, paraît-il, la nécessité des libérés-désabusés qu'a produits la révolution sexuelle. Flirter avec le danger en se faisant battre ou entrer toutes sortes d'objets dans le vagin ou le rectum; se faire uriner ou même déféquer dans la bouche; avoir des relations sexuelles dans des endroits publics où le risque d'être surpris et arrêté est très grand; avoir des

---

(3) Extrait du texte: *De l'universelle tendance à l'avilissement dans le domaine de l'amour* , écrit en 1912.

relations sexuelles avec des enfants, les siens au besoin; soumettre tyranniquement autrui à ses phantasmes et à ses exigences sexuelles; user de chantage, de force et de violence pour obtenir des relations sexuelles; ce ne sont là que quelques-unes des pratiques présumément libérées qui permettraient de renouer avec l'attrait d'obstacles à surmonter une fois qu'on les a tous abattus...

Serge représente le prototype de l'homme se voulant libéré de toute inhibition mais qui se retrouve aujourd'hui aux prises avec le désabusement et la saturation. A peu près tout ce qui peut être accompli sexuellement, il l'a au moins essayé. Depuis longtemps, il ne compte plus le nombre de ses aventures, qui allait de la rencontre d'un soir à l'orgie collective pour devenir bientôt plus spécialisées dans le sadomasochisme, le *fist fucking* (introduction du ou des poings dans le rectum) et la scatophagie. Bien qu'il se considère bissexuel, Serge prétend avoir choisi d'actualiser surtout son côté homosexuel en raison de la plus grande facilité, selon lui, à trouver des partenaires masculins «ouverts d'esprit». C'est ainsi qu'il a fait la tournée des saunas, des *backrooms* (salles sombres situées à l'arrière de bars ou de cinémas) et de plusieurs clubs privés de sexe d'Amérique. Pour en arriver où? Plus de dix années activement consacrées à se libérer de toutes inhibitions et frustrations ont amené Serge à un état de saturation lui-même générateur d'angoisse: il a peur de ne plus trouver de nouvelles sensations fortes pour le stimuler et craint conséquemment de devenir impuissant. D'autant plus qu'il déclare trouver fade maintenant le sexe *ordinaire* , c'est-à-dire sans gadgets, sans exotisme et surtout sans l'excitation du risque. Dans son livre *BUNNY: The Real Story of Playboy* [4], Russel Miller nous brosse un tableau aussi peu reluisant du playboy par excellence, monsieur Hugh Heffner. Il le représente à l'affût de nouvelles conquêtes, d'orgies de groupe et de pratiques dites exotiques, qui vont du voyeurisme à la bestialité. Est-ce là que mène la libération prônée par le supposé leader de l'érotisme?

Malheureusement, une réaction-type à la difficulté exacerbée de trouver toute la complémentarité et la résistance stimulantes chez l'autre est en effet la fuite en avant effectuée à travers la recherche éperdue d'émotions fortes. A la quête d'autrui se substitue alors la poursuite de sensations. Mais ces sensations doivent être d'autant plus fortes qu'elles doivent emplir le vide existentiel angoissant qui amène la personne à se demander: «*Trouverai-je jamais ce dont j'ai besoin, connaîtrai-je quelqu'un qui me satisfasse enfin totalement?*». Sans doute ne se rend-elle pas compte que cette recherche, en dépit des mythes entretenus par la libération sexuelle, est immanquablement vouée à l'échec. La personne en permanence complémentaire à tous nos besoins, qu'ils soient sexuels ou autres, n'existe probablement pas, d'autant plus que nos goûts et nos attirances sont susceptibles d'évoluer. Afin de se prémunir contre cette déception et de trouver l'excitation non pas dans les personnes (désormais inter-

---

(4) S. Russel, *Bunny*, Corgi Books, 1985.

changeables) mais dans les actes et même les risques posés, certains développent une érotisation croissante du danger, de l'interdit, du pouvoir et même de la violence. De cette façon, ils sont au moins assurés d'éprouver quelque sensation!

Des orgies romaines aux excès de notre époque, une réalité demeure, inévitable: on n'abaisse jamais toutes les barrières sexuelles que pour en inventer d'autres l'instant d'après. Ne raconte-t-on pas que l'empereur Tibère récompensait généreusement les jeunes capables de ressusciter ses désirs éteints et de vivifier ses phantasmes grâce à leurs accouplements originaux? [5] Qu'on le veuille ou non, l'inaccessible fera toujours partie du désir. Prétendre enlever tout obstacle à la satisfaction de son désir c'est porter un dur coup à ce désir, qui peut même lui être fatal. Mais cela, les tenants d'une libération sexuelle qui doit faire table rase de tout ce qui s'interpose entre le désir et son accomplissement ne l'ont pas compris. L'escalade de l'érotisation du danger, de l'interdit, de la tyrannie et de la violence est peut-être le prix que nous devons payer collectivement pour avoir prétendu balayer tout ce qui obstruait la voie royale du sexe.

La peur de ne pas être suffisamment stimulés sexuellement caractérise peut-être nos contemporains. Mais à vouloir combattre leur vide émotif et leurs angoisses existentielles en allant toujours plus loin dans la recherche d'excitations sexuelles, plu-

---

(5) Suétone, *Vie des douze césars* , éd. du Livre de Poche.

sieurs d'entre nous risquent bien de se retrouver à leur point de départ. Confrontés à un vide qui, tel ces trous noirs de l'espace, bouffe tout et à une angoisse que même les sensations les plus exotiques et les plus fortes n'arrivent pas à dissiper, que leur restera-t-il?

A défaut de vivre de l'intensité à travers des émotions, des sentiments et des engagements, nombre d'entre nous cherchons à nous persuader que nous en vivons à travers les sensations et en particulier à travers les sensations sexuelles. Bizarrement, notre sexualité-exutoire vise ultimement moins le plaisir lui-même que la certitude de vibrer encore, d'exister.

En somme, si la fuite en avant dans la sexualité entretient l'illusion de vivre quelque chose, elle masque très souvent l'insignifiance des relations interpersonnelles fort superficielles qui sont ainsi vécues. On croit naïvement que plus de sexualité aidera à surmonter son angoisse existentielle ou ses problèmes relationnels alors que c'est souvent le contraire qui se produit. On pense: «*Plus j'ai de sexe, moins j'aurai de problèmes sexuels*», mais l'équation est mensongère. La sexualité impersonnelle, désengagée et consommatrice crée plus de problèmes qu'elle n'en solutionne. Elle risque même d'insensibiliser l'individu à la dimension affective de la sexualité en la cantonnant au seul plan génital. Et le plaisir qu'elle procure est d'autant plus éphémère qu'il ne débouche sur aucun projet et aucun engagement, si minime soit-il. Nombre de personnes se plaignent de leur difficulté à rencontrer quelqu'un qui les fasse vibrer profondément, alors que c'est elles-mêmes qui se sont bardées contre leur propre sensibilité.

VOUS AVEZ DIT ÉTHIQUE ?

Au cours des quatre années durant lesquelles la rédaction de ce livre s'échelonna, j'eus droit à toutes sortes de réactions. Je les regrouperais grosso modo ainsi: ceux qui approuvaient ma démarche et ceux qui la rejetaient. Mais, dans ce dernier cas, que de railleries et de sarcasmes! Pour certaines personnes, critiquer la révolution sexuelle constituait une sottise, voire une offense. On m'accusait alors d'être le tenant d'un «retour à droite», on mettait en doute mon propre équilibre sexuel et, ce qui paraissait être l'injure suprême, on m'inculpait de moralisme. J'allais, prétendait-on, porter atteinte à la libération légitime de mes semblables!

En fait, le triomphe de la libération personnelle sur la morale traditionnelle est un des mythes les plus répandus en ce qui concerne la révolution sexuelle. Examinons cette affirmation de plus près.

La morale dite traditionnelle a-t-elle vraiment été vaincue? La révolution sexuelle n'en a-t-elle pas, au contraire, repris la logique, mais à l'en-

147

vers? Je suis tenté d'opter pour la seconde alternative. La révolution sexuelle a moins marqué une rupture avec la morale antérieure qu'elle en a été le négatif, voire le repoussoir. Loin d'abandonner la morale traditionnelle, on s'en est servi comme référence pour mieux la contrarier. Surtout - et c'est là un point crucial - les nouvelles règles de conduite ont été élaborées par un petit nombre (idéologues, sexologues ou pornocrates) pour la majorité; en ce sens elles sont demeurées tout aussi arbitraires et imposées aux individus que les précédentes.

Bref, ce qui a changé au cours des dernières décennies, ce sont les codes *extérieurs* régissant la sexualité. Par exemple, la sexualité sans affect et sans engagement devint valorisée alors qu'auparavant condamnée mais, dans un cas comme dans l'autre, l'évaluation du comportement à suivre n'est guère laissée à l'individu. Ce ne sont plus les curés qui définissent ce qui se fait et ce qui ne se fait pas, mais les nouveaux «libérateurs», qu'ils soient professionnels de l'aide (psychologues, sexologues, etc.), militants (certains courants féministes, gais ou masculinistes ont parfois été volontiers dogmatiques) ou simples vendeurs de sexe (des courriéristes du coeur recyclées en courriéristes du sexe aux producteurs et aux vendeurs de pornographie).

Tout ce beau monde parle de morale à abattre mais personne ne parle d'ÉTHIQUE c'est-à-dire de l'art de penser et de diriger sa propre conduite. *Faites ceci, essayez cela, laissez tomber les tabous*, nous a-t-on exhortés sans répit. Mais personne ne nous a encore demandé: «*Qu'est-ce que la sexualité pour vous? Que voulez-vous, que pouvez-vous en faire et dans quel but?»*. Car poser ces questions signifie qu'on remette aux individus la réflexion et la responsabilité de leurs actes sexuels, les invitant ainsi à forger leur propre morale, leur propre éthique.

Plutôt que de responsabiliser les gens, les valeurs véhiculées par la révolution sexuelle ont contribué, au contraire, à les déresponsabiliser. D'abord en faisant de la sexualité un produit de consommation, en orientant chacun vers la seule recherche de son propre plaisir et en diffusant le mythe, issu de la psychanalyse et de la biologie zoomorphiste, du caractère inconscient voire incontrôlé de la sexualité humaine. Ensuite, en professant l'abandon de toute valeur pouvant être perçue comme source de contrôle, celui-ci devenant synonyme de frustration. Dans ce contexte, *se libérer* c'est, essentiellement, laisser libre cours à ses phantasmes et à ses désirs, se centrer sur ses propres besoins et négliger ceux des autres (qui ne sont plus dès lors considérés que comme des instruments de sa libération).

Bien sûr, la morale sexuelle traditionnelle, orientée presqu'uniquement vers le mariage et la procréation et prompte à blâmer tout comportement déviant des étroites avenues fixées par l'Église et l'État, était fort répressive et hypocrite. Qu'une évolution radicale fut nécessaire, personne ne le niera. Cependant, je suis loin d'être certain que le fait de remplacer ces normes par leurs contraires, ou presque, ait été bénéfique. Certes, le mariage comme unique finalité de l'amour ou de la sexualité, voilà qui est bien simpliste et extrêmement réducteur; mais est-ce beaucoup mieux d'enlever toute responsabilité et tout engagement dans la sexualité ou même dans l'amour sous prétexte *d'amour libre* ? Combien d'adultes se retrouvent déchirés et d'enfants abandonnés à eux-mêmes une fois nos couples éphémères éclatés? De la même façon, il est évident que la procréation ne saurait être la seule finalité amoureuse ou sexuelle: mais est-ce plus réaliste de ne rechercher que le plaisir à tout prix? Enfin, si une tolérance et une reconnaissance accrues, et parfois combien nécessaires, à l'égard de comportements auparavant rejetés se sont développées dans le sillage de la révolution sexuelle, deux écueils demeurent. D'abord, il est à craindre que les comportements jadis perçus comme anormaux ou déviants soient aujourd'hui perçus comme exotiques et marginaux, ce qui, loin de les intégrer socialement, les relègue encore dans une catégorie à part. C'est le cas notamment de la bissexualité, davantage reconnue et acceptée mais rarement banalisée. Ensuite, cette ouverture accrue aux différences individuelles en matière de sexualité, qui était plus que souhaitable, a parfois donné lieu à des fâcheux errements: comme nous devions nous accepter les uns et les autres dans nos ressemblances et dans nos différences, TOUT comportement sexuel n'était-il pas équivalent, donc non répréhensible? C'est avec pareille logique que des abuseurs d'enfants, par exemple, ont revendiqué leurs droits et que des sado-masochistes ont défendu leur violence. Pourtant, tous les comportements sexuels ne sont pas équivalents car ils n'ont pas les mêmes conséquences. La non-reconnaissance des conséquences de nos actes, y compris nos actes sexuels, constitue une des pierres d'achoppement de la révolution sexuelle.

Une de mes connaissances, un père de famille dans la trentaine, m'a confié que, jadis gros consommateur de revues et films pornographiques, il avait totalement cessé d'utiliser ce matériel. Pourquoi? Parce que, m'expliquait-il, il s'était rendu compte que les phantasmes et les actes qui y étaient prônés ne correspondaient aucunement au type de relation qu'il désirait entretenir avec les femmes. Mais il y avait plus encore: il avait constaté que la pornographie avait une influence telle sur son imagination qu'il devenait émotivement insensible mais sexuellement excitable à la violence et à l'abus que souvent elle comportait ou suggérait. «*Avant d'être tout à fait lessivé,* conclut-il, *j'ai préféré laisser tomber*».

Si la révolution sexuelle a rendu la sexualité plus libre, elle ne nous a guère appris à faire usage de cette liberté. La liberté n'implique pas que l'on puisse tout faire, mais plutôt que l'on puisse CHOISIR entre les possibilités qui s'offrent à nous. La révolution sexuelle a multiplié nos opportunités amoureuses et sexuelles mais elle ne nous a guère appris à faire des choix. Choisir c'est perdre ce qu'on ne choisit pas, mais cela est contraire à la logique du *tout vivre et tout prendre* de la révolution sexuelle. Il faut tout essayer, tout choisir, tout vivre, a-t-on voulu nous faire croire: c'était ça la libération. Allez-y voir!

Ce que j'ai plutôt constaté chez de nombreuses personnes c'est que cette volonté de tout expérimenter et cette incapacité de choisir créaient beaucoup d'insécurité, d'ambivalence et d'instabilité. Prenons le cas de Marc. Ce jeune adulte avait essayé toutes les drogues et avait eu une vie sexuelle fort mouvementée. Durant un certain temps, il s'était prostitué, mais même cette activité interrompue, il n'arrivait pas à se fixer. Que désirait-il vivre? Quelle place donner à la sexualité dans ses relations avec autrui? L'amour existe-t-il? Il ne trouvait pas de réponses à ces questions et sa solution, qui empirait le problème, consistait à fuir en avant, connaître toujours d'autres expériences et de nouvelles personnes, mais sans jamais s'engager. L'histoire de Bruno, un homme dans la cinquantaine, est encore plus classique. Marié depuis vingt-cinq ans, il s'est mis depuis quelques années à vivre de nombreuses aventures, d'abord à l'insu de sa femme jusqu'à ce que celle-ci, trouvant dans ses affaires des photos explicites, découvre la vérité. A sa conjointe ébranlée, qui lui demande de faire des choix entre une vie secrète de plus en plus prenante et sa vie de couple et de père, Bruno répond qu'il ne veut rien perdre. Même si, effectivement, des compromis seront d'abord tentés entre lui et son épouse, au bout d'un an le couple se sépare. Aucun des deux ne pouvait tenir le coup. Si aimer, c'est choisir, on ne peut aimer donc choisir tout le monde. Elle avait choisi de faire sa vie avec lui, il avait décidé de lui donner le peu de temps que ses autres relations lui laisseraient: cette asymétrie ne pouvait mener qu'à l'éclatement.

Une simple question: la recherche de plaisirs

sexuels est-elle le but de la vie? A regarder vivre certains de nos contemporains, nul doute que plusieurs répondraient à cette interrogation par l'affirmative. Fonctionner selon le seul principe du plaisir - ce que les psychologues ont déjà dit et redit à propos des délinquants - s'applique parfaitement aujourd'hui aux fervents de la libération sexuelle. Au nom du plaisir, tout est bon. Aussi nul désir ne devrait être contrarié; parler de responsabilité, de volonté ou d'éthique serait dépassé et moralisateur.

Pourtant, nous devons constamment négocier entre nos désirs, sources de plaisir, et notre volonté, source de contrôle sur nous-même. Le désir a besoin d'un frein non seulement pour se réaliser dans le respect de l'autre mais aussi pour tout simplement exister! On ne désire en effet que ce qu'on a le sentiment de ne pas avoir, que ce qui comporte une résistance ou un défi à surmonter. Mais une fois notre désir sexuel identifié, deux questions fondamentales se posent. *Ai-je l'intention de réaliser ce désir?* Cette question relève d'une décision éthique (par exemple, est-ce que la loi, la morale sociale ou ma propre morale me permettent ce comportement?). Advenant une réponse affirmative à cette première question, une seconde surgit: *Comment vais-je réaliser ce désir?* Cette interrogation fait maintenant appel à une stratégie de séduction (comment avoir accès au partenaire et aux activités sexuelles phantasmées avec lui?).

De façon très schématique, le tableau de la page suivante donne une idée du processus.

DÉSIR OU EXCITATION SEXUELLE
(élaboration de phantasmes ou
scénarios sexuels)

DÉCISION ÉTHIQUE
(à partir de l'éthique extérieure
à soi, c'est-à-dire morale religieuse,
lois, coutumes, etc., et de l'éthique
interne, c'est-à-dire ce que je crois
être correct ou pas)

STRATÉGIE
(de séduction, mais elle peut aussi
inclure violence, coercition,
chantage, etc.)

PASSAGE À L'ACTE
(réalisation du désir suite à une
décision et à l'élaboration d'une stratégie
qui a réussi)

Dès lors que nous désirons quelqu'un, notre envie de cette personne peut donc se butter à deux contraintes: ce désir doit-il être réalisé et de quelle façon?

Je crois bien que l'humain toujours oscille entre une double tendance: réduire l'autre à ses propres besoins et plaisirs (se laisser aller sans retenue, donc) et tenir compte de l'autre en respectant les besoins et désirs de ce dernier (se maîtriser par égard pour lui, donc). D'un côté l'individualisme, l'égoïsme, la manipulation, voire la domination, et de l'autre l'altruisme, l'empathie et le respect. Malheureusement, les principes de base de la révolution sexuelle nous ont incités trop souvent à pencher pour la première alternative et, surtout, à nous présenter la seconde comme source de frustration, d'auto-répression ou de puritanisme. Cette attitude est totalement erronée puisque non seulement la vie sans frustration est une utopie mais encore une certaine frustration fait partie intégrante de la mécanique du désir: sans frustration à combler, pas de désir possible.

Une dame dans la cinquantaine m'a un jour déclaré que la religion catholique avait été pour elle l'unique rempart contre ses «bas instincts». Cette réaction illustre bien la conception de la morale qu'on la majorité des gens: quelque chose d'extérieur à eux (ici la religion) qui simultanément les prive et les protège. Sans doute faut-il voir une des sources de cette attitude dans la position adoptée par l'Église vis-à-vis de la sexualité depuis des siècles. Contrairement à certains penseurs antiques [1], par exemple, qui mettaient l'accent sur la nécessité

---

(1) Michel Foucault, Tomes 2 et 3 de l'*Histoire de la sexualité*, Gallimard, 1984.

de se maîtriser soi-même à travers l'édification d'une éthique individuelle, les théologiens chrétiens développèrent leur morale officielle à travers un ensemble de règles, de codes et de lois qui devaient définir strictement ce qui était permis ou défendu. Ainsi, plutôt que d'exhorter les gens à élaborer une éthique personnelle, c'est-à-dire à se questionner, se définir et se discipliner eux-mêmes, l'Occident chrétien les a incités à s'en remettre à des instances extérieures, que ce soit l'Église ou l'État, pour savoir ce qui était bon ou mauvais, moral ou immoral. Comment se surprendre dès lors que, l'Église déclinant en crédibilité et l'État en autorité, les gens se retrouvent déroutés, ayant perdu leurs balises traditionnelles?

Plutôt que de reconnaître la sexualité comme une dimension importante et potentiellement positive de l'être humain, l'Église n'a généralement visé qu'à la combattre, ou du moins à la réduire à sa plus simple fonction: la reproduction. Le modèle privilégié, qui est d'ailleurs celui imposé en principe aux religieux et religieuses, est celui de l'abstinence. Aux fidèles qui n'atteindraient pas cet idéal, c'est la privation qui est proposée. Les relations sexuelles ne sont, en effet, autorisées par l'Eglise que dans des circonstances, avec des partenaires et dans des buts fort limités, c'est-à-dire avec son conjoint légitime une fois dûment mariés et dans un but procréatif. Cette seule sexualité-là, puisque tout le monde n'arrive pas à supprimer sa sexualité, se voit tolérée, faute de mieux. Supprimer les désirs et les comportements sexuels ou sinon les restreindre, voilà la logique chrétienne pour laquelle, contrairement à d'autres religions (l'hindouisme, par exemple), la sexualité n'a théoriquement pas de place. Faut-il donc s'étonner que, tôt ou tard, la révolte gronde et que les barrières religieuses soient renversées?

L'échec de l'idéologie chrétienne n'est pas tant dans la reconnaissance du fait que la sexualité humaine puisse poser problème, ce qu'aucune personne sensée ne contestera, que dans la solution qu'elle propose à ce problème: une suppression, voire une négation de la sexualité et, pour ceux et celles qui n'atteindraient pas cet idéal, l'imposition d'une codification rigide de ce qui est intrinsèquement bien ou mal. Les gens n'ont donc pas, en principe, à réfléchir eux-mêmes sur leur sexualité, ni à élaborer leurs propres règles de conduite: la connaissance de la morale établie et la soumission à l'autorité suffisent. Habitués à un tel conditionnement, que faire lorsque la morale traditionnelle éclate et que l'autorité est remise en question?

C'est précisément la situation devant laquelle se sont retrouvés la majorité des gens à l'amorce de la révolution sexuelle, alors que le taux de pratique religieuse est passé de 87%, à la fin des années 50, à entre 30% et 40% aujourd'hui (16% chez les moins de 30 ans) [2] et que l'État s'est retiré de la chambre à coucher des citoyens grâce à une législation plus libérale. Les valeurs imposées ne fonctionnant plus, un grand nombre d'individus se sont re-

---

(2) Selon un sondage Gallup effectué en mai 1986 et paru dans *La Presse* du 14 juin 1986.

trouvés face à un vide éthique, puisqu'ils n'avaient pas appris à développer leur propre sens critique. Ils furent conséquemment très vulnérables à l'influence des nouveaux marchands de sexe et d'illusions.

Au tournant de ce siècle, Wilhelm Reich croyait, un peu naïvement, que la suppression des tabous et des normes qui brimaient la sexualité ouvrirait une ère nouvelle. Dans son livre *La révolution sexuelle* [3], il parle d'hommes et de femmes «redevenus sains» après avoir abandonné leurs croyances ou leurs scrupules jugés erronés en matière de sexualité. Si Reich a raison de souligner combien la répression sexuelle a souvent des effets bien plus préjudiciables encore que les maux qu'elle prétend combattre (exemples de l'époque: la masturbation, la contraception, l'homosexualité et la sexualité juvénile), il en conclut bien prématurément que la fin de la répression signifierait la fin des problèmes reliés à la sexualité. Qu'aurait-il conclu s'il avait vécu jusqu'à aujourd'hui? Nous savons désormais que le recul des limitations religieuses, culturelles ou sociales imposées à la sexualité apporte effectivement une certaine libération, mais nous constatons parallèlement que cette libération, en résolvant certains problèmes, en crée de nouveaux.

La révolution sexuelle a achoppé non seulement parce que, comme le croyait Reich, une telle

---

(3) W. Reich, *La révolution sexuelle*, éd. Christian Bourgeois, 1982 (éditions originales: 1936 et 1949).

révolution devait aller de paire avec une révolution culturelle fondamentale qui, elle, n'a pas eu lieu, mais aussi parce qu'aucune nouvelle valeur éthique n'est venue remplacer les anciennes. Au contraire, la révolution sexuelle s'est effectuée sous le signe de l'abandon de la morale et de l'absence d'éthique (ce qui pourrait-on dire, non sans raison, est déjà une position éthique, mais par la négative). Finis les tabous, les limites, les restrictions: vive le plaisir! Je veux bien; mais à quel prix? Au prix, j'en ai peur, de la liberté et du respect des autres transformés en objets de consommation sexuelle et au prix de notre sensibilité émoussée par la démesure.

Sommes-nous aujourd'hui plus heureux ou plus responsables qu'auparavant? Il est permis d'en douter. Le sexe ne pose pas moins de problèmes qu'il y a trente ans; ce sont les problèmes qui ont changé. Si l'on rencontre moins de gens souffrant de privation, on en trouve de plus en plus qui souffrent du manque de sensation, de signification ou de satisfaction de leurs relations sexuelles pourtant nombreuses.

Les problèmes sexuels ne reposent pas uniquement sur la qualité ou sur la quantité des performances mais aussi, sinon davantage, sur la signification de ces actes. C'est la raison pour laquelle la libération de la performance ne règle pas tout, loin de là! Contrairement à ce qu'on a tendance à penser, la sexualité n'est pas seulement relation avec l'autre mais aussi relation avec soi-même. Qu'est-ce que je recherche avec ce partenaire? Que

159

me procure cette relation? Quels besoins comble ce rapport sexuel? Voilà autant de questions que pose, plus ou moins consciemment, l'exercice de la sexualité. Aussi, est-ce davantage dans notre attitude face à nos désirs et nos comportements sexuels que nous trouvons satisfaction que dans ces pensées ou ces actes mêmes. C'est pourquoi toute libération sexuelle qui n'inclut pas un profond questionnement sur la signification de la sexualité et sur la responsabilité de chacun à l'égard de ses actes engendre autant de problèmes qu'elle prétend en régler.

En percevant le souci d'éthique personnelle comme un relent de la morale traditionnelle nous avons fait fausse route. La morale ancienne n'était plus adéquate, soit; mais cela ne signifie nullement que tout contrôle exercé sur sa sexualité soit nécessairement néfaste. Au contraire: la liberté ne consiste-t-elle pas en la capacité de choisir, donc de renoncer? Et la maturité en la capacité d'affronter la frustration? De plus, le respect des autres n'exige-t-il pas que notre liberté s'arrête où la leur commence?

Est-il dépassé de parler de contrôle de soi, de discipline personnelle ou de responsabilité? Manifestement la révolution sexuelle n'a pas réservé beaucoup de place à ces thèmes. Pourtant ces questions apparaissent aujourd'hui bien pertinentes, alors que de plus en plus de personnes se retrouvent désillusionnées. Elles ont connu plus de partenaires mais leurs relations sont trop souvent demeurées superficielles et insatisfaisantes. Elles ont expérimenté plus d'activités sexuelles et d'émotions fortes mais ces sensations n'ont pas comblé leur vide existentiel. Elles ont appris à mieux «baiser» mais très rarement à mieux aimer. Aussi nombre d'adeptes inconditionnels de la libération sexuelle se retrouvent-ils aujourd'hui désabusés, déçus. La libération tant attendue n'a rien solutionné. Et pour cause: la sexualité ne donne pas plus de signification à une vie qui n'en a pas déjà. Elle peut représenter un moment d'euphorie, un rapprochement, une drogue ou une fuite en avant mais elle n'apporte aucune solution permanente aux problèmes de la vie, ni aucune vérité susceptible de nous apporter l'éternelle sérénité. A l'opposé d'une telle croyance, je crois que nous avons bien davantage à apprendre et à nous humaniser à travers le travail éthique que nous avons à faire sur nous-même afin de mieux nous comprendre, nous maîtriser et donner de la signification à nos actes sexuels et amoureux. Dès lors, la retenue ou même l'ascétisme n'apparaissent plus comme privation, et encore moins comme souffrance, mais comme élimination du superflu afin de mieux accéder à l'essentiel. Dans la foulée de la libération-à-tout-prix, nous avons malencontreusement laissé tomber l'essentiel, c'est-à-dire la signification des choses et, ultimement, le sens de la vie. Nous découvrons maintenant, mais dans bien des cas trop tard, que la sexualité - même libérée - ne peut être le sens de la vie, mais plutôt un instrument parmi tant d'autres pour réaliser l'amour et la vie. A condition, bien sûr, que nous maîtrisions cet instrument davantage qu'il ne nous maîtrise.

Se demander à quoi sert notre sexualité c'est

ultimement en venir à se poser la question: à quoi sert la vie dont elle est l'expression? Pas facile de répondre à cette interrogation. Beaucoup de gens ne se la posent d'ailleurs pas... Pourtant, les valeurs auxquelles nous croyons et les idéaux que nous nous fixons jouent un rôle déterminant dans la façon dont nous menons notre existence, y compris notre vie affective et sexuelle. En serons-nous suffisamment conscients pour donner à la réflexion éthique toute la place qu'elle mérite et pour réhabiliter la morale et la responsabilité individuelles qui ont trop longtemps été reléguées aux oubliettes?

LE DÉSIR, L'AMOUR

Si la révolution sexuelle a libéré le désir, elle n'a guère promu l'amour. Au contraire, en assimilant le désir à l'amour et en confondant libération sexuelle et bonheur amoureux, nous nous sommes gravement trompés. Nous commençons à réaliser aujourd'hui que les choses ne sont pas si simples. Non seulement le désir et l'amour sont des sentiments qui ne se superposent pas automatiquement, mais encore ne sont-ils que rarement réunis!

Les mots eux-mêmes sont piégés lorsqu'on parle de désir ou d'amour. Ainsi, l'expression «tomber en amour» signifie le plus souvent «tomber en désir». Le verbe utilisé - tomber - est d'ailleurs lourd de sens: l'amour fait tomber, nous fait perdre l'équilibre. Le fameux «coup de foudre» n'est, lui aussi, souvent rien d'autre qu'un coup de désir: comment peut-on vraiment aimer, donc connaître et apprécier, une personne que l'on voit pour la première fois?

La conjonction du désir et de l'amour, que

nous appelons l'Amour - avec un A majuscule - est en fait si exceptionnelle que même les plus comblés d'entre nous ne la vivent qu'une ou quelques fois durant toute leur existence et que certains ne la connaissent jamais. Pourquoi? D'abord parce que l'amour et le désir obéissent à des mécanismes fort différents et souvent contradictoires. Ensuite parce que l'emphase mise sur le désir au cours de la révolution sexuelle le fut au détriment de l'amour, que le sexe a déclassé quand il ne l'a pas tout simplement nié! Examinons de plus près ces affirmations.

Par définition, on ne désire que ce qu'on n'a pas ou, tout au moins, ce que l'on risque de perdre. Prenons un exemple quotidien: que l'on veuille acquérir une chaîne stéréo, un manteau de fourrure ou une auto sport, l'attrait exercé par l'objet convoité nous fera rêver, économiser, consentir à des efforts. Jusqu'à ce que nous le possédions enfin. Alors notre intérêt se tournera plus ou moins rapidement vers d'autres biens plus alléchants ou plus difficilement accessibles encore. La société de consommation fonctionne selon cette psychologie élémentaire du manque à remplir, du besoin à satisfaire. Or, sauf pour les ascètes et les sages, s'il en reste, les désirs humains semblent illimités et insatiables. Car le désir sexuel ne fonctionne pas autrement, dans notre culture, que tout autre désir. Il naît de l'attraction exercée par une personne, se développe à travers la frustration de ne pas bénéficier de sa présence, est cultivé par la difficulté d'avoir accès physiquement ou psychologiquement à l'être désiré. Cependant, une fois ce désir satisfait, il ne pourra, tôt ou tard, que stagner ou décliner (ce qui ne l'empêchera nullement de renaître éventuellement si les circonstances le stimulent à nouveau). La dynamique du désir est ainsi faite qu'elle a besoin de frustration voire d'inaccessibilité pour perdurer. Ce qui est déjà disponible ou accessible sans effort ne peut être désirable. Et ce qui était recherché et idéalisé perd de la valeur une fois possédé.

La majorité d'entre nous ont probablement expérimenté une telle évolution d'attitude. Nous ressentons beaucoup de désir pour une personne, elle en devient unique et incomparable à nos yeux. Mais une fois que nous avons satisfait notre désir de rapprochement avec cette personne et qu'elle fait partie de notre quotidien, elle devient moins irrésistible et parfois même tout simplement banale. Elle semblait exceptionnelle et la privation de contacts avec elle paraissait insupportable: la voilà désormais devenue ordinaire. Parce que la personne désirée n'est plus transfigurée par sa relative inaccessibilité, parce qu'elle ne représente plus l'idéal duquel nous sommes frustrés, elle redevient plus ou moins rapidement une personne semblable aux autres. Le désir, qui est plutôt égocentrique, s'attachera alors bientôt à une nouvelle figure. Puisque ce qui était excitant hier est émoussé aujourd'hui, nous repartons alors volontiers à la recherche d'une source de plus grande stimulation. C'est pourquoi le désir seul ne débouche guère sur des relations stables et durables: il se suffit à lui-même et se consume lui-même.

Comment expliquer l'existence d'une telle dynamique? Notre conception du désir a été marquée par notre histoire collective, à travers laquelle la sexualité a été assimilée à l'illicite ou l'interdit. Qu'on lise les romans anciens ou modernes, qu'on questionne nos semblables, qu'on regarde les archétypes véhiculés par le cinéma, on en viendra toujours à la même conclusion: la présence d'une résistance à vaincre, d'un obstacle à franchir semble faire partie intégrante de l'érotisme occidental. Réelles, symboliques ou imaginaires, ces barrières peuvent provenir, telles que je l'ai déjà dit, des séparations ou ségrégations faites en fonction du sexe, de l'âge, du groupe d'appartenance, de l'éloignement physique, des interdits sociaux, etc. Quels qu'ils soient, ces obstacles constituent néanmoins la condition *sine qua non* du déclenchement du désir.

Parlons maintenant de l'amour. En quoi diffère-t-il et en quoi ressemble-t-il au désir? Qu'est-ce qui fait naître l'amour? Qu'est-ce qui le maintient ou le détruit?

En fait, l'amour semble être un besoin plus vital encore que la sexualité: on supporte plus aisément l'absence de sexualité que l'absence d'amour. De plus, le sentiment amoureux s'est vraisemblablement développé, à l'origine, à partir de la nécessité pour la survie humaine de l'entraide et de la sollicitude. Cette coopération primitive donna ensuite lieu à des attachements préférentiels débouchant sur ce que nous appelons aujourd'hui l'amour. Le tableau suivant illustre cette évolution.

**INSTINCT
GRÉGAIRE**
(car groupe = survie, dans un environnement hostile)

**ENTRAIDE
ET PARTAGE**
(entre membres du groupe)

**ATTACHEMENTS
PRÉFÉRENTIELS**

AMOUR

A l'origine, l'amour était donc liée à la survie de l'humain. Sans recevoir et sans accorder de sollicitude, aucun humain n'eût survécu. Mais, objectera-t-on, n'en va-t-il pas de même à propos du désir? Sans sexualité, n'y aurait-il même pas eu de reproduction? Effectivement, la sexualité permet la reproduction mais seuls les soins de l'amour permettent à cette progéniture de survivre et de se développer convenablement. Ceci est d'ailleurs pleinement vrai encore aujourd'hui: un bébé déprivé de toute affection se laisser mourir ou se coupe intérieurement du monde extérieur, en devenant un enfant autistique, par exemple.

Que l'amour repose sur l'altruisme pourra

étonner lorsqu'on sait combien la jalousie, la possessivité et même la violence sont le lot de nombreux amoureux. Je crois plutôt que ces sentiments n'ont rien à voir avec l'amour. Car tant la sentimentalité (c'est-à-dire le fait d'être amoureux de l'amour ou encore de ne rechercher que la seule sensation d'aimer ou d'être aimé) que la possessivité (c'est-à-dire la volonté de contrôler et d'utiliser l'autre pour ses seuls besoins) sont des succédanés de l'amour. S'ils en adoptent parfois le vocabulaire ou les apparences, c'est bien trompeusement. Alors que la sentimentalité sombre dans la superficialité et l'insignifiance en cultivant uniquement l'impression d'être amoureux, la possessivité, qui conduit à la jalousie et à ses violences, s'apparente à la haine de soi (*«je ne saurai jamais conserver l'amour de l'autre»*) et de l'autre (qui n'a plus le droit d'être libre).

Ce qui caractérise l'amour, ce sont plutôt le renoncement et l'engagement. Renoncement dans le fait d'accepter non pas seulement de recevoir mais aussi de donner. Renoncement dans l'acceptation de sa vulnérabilité face à l'aimé. Renoncement dans le fait de choisir, c'est-à-dire de mettre une multitude de personnes de côté. Ici se dessine une autre différence entre l'amour et le désir: nous pouvons désirer un grand nombre de personnes mais nous n'en aimerons, dans les meilleurs cas, que quelques-unes. Car si aimer c'est renoncer, c'est davantage encore s'engager. Alors que le désir n'a nul besoin d'engagement pour se développer et qu'au contraire une proximité trop insistante avec l'être désiré peut nuire, l'amour ne peut se développer qu'en lui consacrant temps, énergie et compréhension. Le désir est attraction, l'amour est relation. A ce titre, il exige beaucoup plus.

Mais l'amour et le désir ont-ils donc quelque chose en commun? Oui. L'amour, comme le désir, fonctionnent selon un principe de «rareté»; nous n'aimons ou ne désirons que des personnes qui possèdent des caractéristiques psychologiques, physiques, émotives ou comportementales dont nous estimons avoir besoin. Parce que ces caractéristiques nous manquent ou que nous les possédons mais jugeons en avoir besoin davantage encore, nous les valorisons chez les autres. C'est ce qui nous rend réceptif et sensible à leur endroit. En ce sens, nous n'aimons et ne désirons que ce qui est vécu comme complémentaire par rapport à ce que nous sommes ou, plus simplement, à ce qui nous manque. D'autre part, la résistance du partenaire ou le défi de la situation, qui jouent un rôle essentiel dans le désir, se rencontrent aussi, quoiqu'à un degré moindre, dans l'amour. On ne veut pas perdre ceux qu'on aime; on souffre de s'en être séparé trop longtemps. Mais l'amour doit inlassablement vaincre l'égoïsme. Aussi l'amour est-il moins commun que le désir.

Autre similitude entre désir et amour: le besoin de rapprochement qu'ils suscitent et, celui-ci étant accompli, le besoin de communiquer à l'autre sensations et sentiments. Que nous aimions ou que nous désirions, et à plus forte raison si nous ressentons les deux émotions simultanément, nous souhaitons ardemment être proches de l'être choisi.

Tout au moins, nous ne voulons pas trop nous en éloigner; si cela est impossible, cet éloignement nous pèse. Ce besoin de rapprochement est particulièrement fort dans le désir. Il apparaît alors souvent comme une urgence. Alors que dans l'amour, qui suppose déjà l'amorce d'une relation durable, il importe autant d'être ensemble en esprit. *«Je suis avec toi, mon coeur t'accompagne»* , dit-on à l'être aimé de qui on sera séparé. Cette recherche de proximité qu'on retrouve dans le désir et dans l'amour provient de notre insécurité, de notre peur de perdre celui ou celle qui satisfait nos besoins, comble nos manques. Pourtant, lorsqu'une personne jadis aimée ou désirée ne répond plus à nos attentes, nous nous en détachons avec une rapidité qui parfois nous surprend. Comme elle ne nous est plus autant nécessaire, elle perd son unicité pour nous.

Qui n'a jamais remarqué combien les gens qui s'aiment, et en particulier les amoureux, adoptent vite un langage particulier entre eux, qu'il s'agisse de surnoms affectueux ou d'expressions qu'eux seuls comprennent? Le désir a aussi son langage spécifique: tout le jeu de la séduction est là pour le prouver. Lorsque je désire ou lorsque j'aime, et à plus forte raison lorsqu'amoureux je ressens simultanément les deux sentiments, je cherche à m'exprimer à l'autre. Exprimer ma présence d'abord mais aussi ce que je vis intérieurement. Ceci peut se faire, bien entendu, de façon verbale, corporelle, sexuelle, etc. Cette communication inhérente à l'accomplissement de l'amour et du désir est cependant inefficace, voire même inauthentique, lorsqu'elle devient stéréotypée. C'est le problème que rencontrent plusieurs adeptes de la révolution sexuelle: en assimilant le sexe à de l'affection, en multipliant les partenaires, en élaborant des rituels sexuels rigides, ils réduisent la communication à son minimum, l'empêchent même. Il ne reste plus alors que le sexe pour le sexe et le désabusement auquel mène immanquablement la coupure relationnelle avec autrui. Si, contrairement à l'amour, le désir peut exister sans relation et sans échange, il devient alors encore plus égoïste, sinon morbide. Seul l'amour humanise le désir.

Une fois établies les différences et les ressemblances entre amour et désir, est-ce à dire que les deux sentiments sont sans influence l'un sur l'autre? Nullement. Chacun des deux sentiments correspond, bien sûr, à des besoins différents et demeure, en ce sens, relativement autonome. Cependant l'amour peut, en certains cas, ouvrir la porte au désir et le désir préparer le terrain, rendre disponible à l'amour. Mais tout ceci, lentement, subtilement. Un bon exemple de cela est sans doute l'amitié amoureuse. Cette amitié qui tient beaucoup de l'Amour, désir en moins, peut parfois évoluer en rapprochement physiques intenses: caresses, sentiment d'être «bien physiquement» avec l'autre, etc. Le partenaire se trouve alors érotisé *après coup*, redécouvert dans sa sensualité. La situation inverse, alors que le désir provoque un rapprochement amoureux, est probablement beaucoup plus commune. Grand nombre de personnes choisissent d'abord leurs flirts, donc leurs partenaires potentiels, en fonction de leur attrait physique; c'est dans un deuxième temps que l'amour s'établit entre les partenaires.

A titre d'illustration, je citerai un couple où l'un des partenaires m'avait confié s'être intéressé à l'autre en raison de son attrait physique uniquement et n'avoir découvert que très graduellement par la suite que c'était au plan amoureux le partenaire recherché. L'autre partenaire, à l'inverse, avait cru s'engager d'abord dans une relation purement amicale et avait découvert avec le temps qu'un rapprochement physique pouvait lui plaire. L'un avait donc évolué du désir à l'amour et l'autre de l'amour au désir; ils s'étaient néanmoins rejoints.

Les développement différenciés du désir et de l'amour ne sont pas sans effets sur le vécu des couples. En cette ère d'anxiété sexuelle, combien de fois n'en ai-je pas entendus s'inquiéter du sort de leur relation en raison de la baisse du désir, de l'attirance ressentie pour d'autres personnes, du caractère moins passionné ou plus rationnel de leur amour! Peu de gens réalisent à quel point il s'agit là d'une évolution naturelle - et fort prévisible - du désir et de l'amour, évolution qui tient de leur essence même.

Il est vraisemblable qu'un contact quotidien avec son/sa partenaire puisse diminuer la «rareté» de ses caractéristiques personnelles, autant physiques que psychologiques, jadis tant recherchées. Alors, de la même façon qu'elles étaient auparavant valorisées, ces qualités perdent graduellement de leur intérêt en raison précisément de leur présence accessible. Aussi, il n'est pas exceptionnel qu'un des partenaires, repu en quelque sorte des caractéristiques auparavant si admirées chez l'autre, se surprenne à aimer ou à désirer de nouveaux partenaires possibles.

La réponse à de tels phénomènes de décroissance du désir ou de l'amour peut être bien différente d'un individu à un autre. Certains, voyant leur désir tiédir envers leur partenaire décideront de rechercher ailleurs la flamme perdue, plusieurs en prendront leur parti, alors que d'autres encore effectueront une certaine distanciation afin de pouvoir «redécouvrir» l'autre. Quelques couples verront là l'occasion de remettre en question leurs notions de fidélité, d'exclusivité et de permanence. Bref, en dépit du fait qu'il finit généralement par se poser tôt ou tard, la façon de réagir à ce phénomène peut être aussi diversifiée qu'il existe de façons d'être en couple. Le plus souvent cependant la personne déçue a l'impression que son partenaire n'était «pas le bon», qu'il y a eu erreur sur la personne et qu'elle doit maintenant repartir à la recherche DU partenaire idéal. Jusqu'à ce qu'à son tour celui-ci la déçoive. La révolution sexuelle a sans doute accentué ce processus par la facilité accrue des contacts possibles mais surtout par le renforcement des mythes amoureux et sexuels axés sur la séduction, la performance et l'excitation éternelles.

Ainsi, l'échangisme (relations sexuelles à l'intérieur du couple auxquelles les deux partenaires participent) et surtout la non-monogamie ont connu un gain de popularité. Le psychologue Bernard Murstein définit l'échangisme comme «*une forme de comportement extra-conjugal mettant en jeu des couples légalement mariés ou non, qui pratiquent le coït ou d'autres plaisirs sexuels avec une ou plusieurs autres personnes dans un contexte social défini par tous les participants comme une forme de jeu récréatif et divertissant*» [1] . Une enquête de la revue *Psychology Today* a permis d'estimer qu'environ 5% des couples américains s'y adonneraient. Quant à la non-monogamie, qui n'est pas un phénomène nouveau, elle a connu une hausse significative si on se fie aux données recueillies par Alfred Kinsey à la fin des années quarante-début des années cinquante, aux estimations faites par son collègue Paul Gebhard à la fin des années soixante et aux enquêtes de Shere Hite et de Linda Wolfe au début des années quatre-vingt [2]. Au moment des vastes enquêtes de Kinsey, 50% des hommes mariés de 45 ans et plus et 28% des femmes du même âge a- vaient déjà connu des expériences extra-conju- gales. Résultats atypiques dûs à la période de guerre qui précéda ces enquêtes, direz-vous? Peu probable,

---

(1) B.I. Murstein, *Styles de vie intime* , Pierre Mardaga, 1981.
(2) A. Kinsey et autres, *Sexual Behavior in the Human Male* , W.B. Saunders, 1948 et *Sexual Behavior in the Human Female* , A. Kinsey et autres, W.B. Saunders, 1953; Paul Geb- hard est cité par Morton Hunt dans *The Affair* , World Books, 1969; *Le rapport Hite sur les hommes* , S. Hite, Ro- bert Laffont, 1983 et *Le Rapport Cosmo* , Linda Wolfe, So- lar, 1984.

puisque Gebhard, qui se base alors sur des recherches contemporaines, estime en 1968 que ce nombre est passé à environ 60% des hommes de 35 ans et plus et 40% des femmes du même âge. A l'issue d'enquêtes d'envergure, Shere Hite affirme en 1981 que 72% des hommes mariés depuis 2 ans et plus sont non monogames et Linda Wolfe établit que 50% des cent mille femmes ayant répondu à son sondage entretenaient des relations sexuelles extra-conjugales. On est donc de plus en plus infidèle... et de plus en plus rapidement. En outre, il ressort de toutes ces études que plus un couple dure, plus les conjoints ont des chances de devenir non-monogames. Les sociologues Blumstein et Schwartz, au terme d'une étude qui a touché plus de 6,000 couples [3], avancent des chiffres plus conservateurs, du moins en ce qui concerne les gens mariés légalement: entre le quart et le tiers de ceux-ci seraient non-monogames après deux ans de mariage. Il est cependant possible que leur méthode d'enquête, qui consistait à voir systématiquement, bien que séparément, les deux membres du couple (ce que ne faisaient pas les autres enquêteurs) ait quelque peu biaisé leurs répondants. Cependant, d'après les mêmes auteurs, près de 50% des concubins et concubines sont non-monogames après deux ans de vie commune.

La personne humaine étant en apprentissage, en adaptation et en changement potentiellement

---

(3) P. Blumstein et P. Schwartz, *American Couples*, W. Morrow, 1983.

continus, il faut cependant reconnaître que ce qui était perçu comme qualités complémentaires à un moment donné peut très bien ne plus l'être à un autre moment. Ainsi, un couple n'est pas nécessairement remis en question uniquement parce que la résistance entre les partenaires s'est émoussée, mais aussi parce que leur complémentarité ne correspond plus aux besoins de l'une ou des deux parties. Un exemple: Robert est partenaire de Brigitte parce qu'il trouve que celle-ci lui apporte la stabilité, la sécurité affective et sexuelle dont il considérait avoir besoin. Après un certain temps, Robert se rend cependant compte qu'il a évolué différemment et que son besoin actuel de découverte et d'aventure n'est pas satisfait par Brigitte. Ce qui apparaissait encore complémentaire quelque temps auparavant - le besoin de l'un d'une sécurisante stabilité et la faculté de l'autre de la lui apporter - ne l'est donc plus, puisque les besoins d'un des partenaires ont changé.

Les déclencheurs de l'amour et du désir que sont la complémentarité et la résistance jouent donc un rôle de premier plan non seulement dans l'émergence du désir et de l'amour mais aussi dans leur évolution ou leur désintégration. Car tant le désir que l'amour sont des réponses à des besoins particuliers, mais en évolution, chez chacun de nous. C'est d'ailleurs pourquoi nous aimons et désirons tous de façon différente des individus eux-mêmes différents, et cela dans des buts souvent différents. Tout ce que nous possédons en commun, en tant qu'espèce humaine, c'est notre faculté d'aimer et de désirer.

Quelles sont les combinaisons possibles du désir et de l'amour? Peuvent-ils exister indépendamment l'un de l'autre? Le tableau qui suit illustre les diverses conjonctions ou dysjonctions que l'on peut retrouver, à des intensités diverses, entre le désir et l'amour. Je fournis de brefs exemples de chacune de ces possibilités afin de les illustrer. On remarquera que j'emploie trois signes dans ce tableau: le + signifie *présence de*, le O *absence de* et le - *contraire de*, c'est-à-dire, selon le cas, contraire du désir (dégoût) ou contraire de l'amour (haine).

COMBINAISONS POSSIBLES ENTRE LE DÉSIR ET L'AMOUR

	DÉSIR	AMOUR	Exemples
1.	+	O	Une aventure sexuelle, un client de la prostitution.
2.	O	+	Un amour filial, un amour platonique, l'amitié.
3.	+	+	L'amour-passion ou l'amour romantique.
4.	O	O	L'indifférence (amoureuse et sexuelle), l'asexualité (absence de sexualité).
5.	-	-	La violence (non sexuelle).
6.	O	-	La répulsion affective, la haine.
7.	-	O	La répulsion physique, le dégoût.
8.	+	-	Le sadisme, le viol.
9.	-	+	Certaines amitiés, réaction ambivalente face à un partenaire abuseur ou incestueux.

Comme on le voit, les liens et les ruptures entre le désir et l'amour sont multiples et, comme ils peuvent être vécus à différents degrés, ils sont virtuellement innombrables.

Une fois identifiés les mécaniques du désir et de l'amour, abordons maintenant notre seconde hypothèse de départ: comment la révolution sexuelle, en mettant tout le focus sur le désir, a-t-elle négligé, sinon mis de côté, l'amour.

La révolution sexuelle est placée sous le signe du risque. D'une part, il s'agit de réduire le risque d'enfanter (moyens contraceptifs), d'avoir une vie sexuelle monotone (souci de la performance, multiplication des partenaires, etc.) ou encore d'être prisonnier d'un partenaire (accroissement sans précédent des séparations et des divorces, non-monogamie). Mais, d'autre part, de nouveaux types de risques s'accroissent: maladies à transmission sexuelle (dont le récent syndrome d'immuno-déficience acquise, le SIDA, n'est pas la moindre)[4], impersonnalité des relations établies et, à la limite, déshumanisation des rapports sexuels où il ne reste que le sexe pour le sexe.

---

(4) Rappelons, à titre indicatif, que les cas de blennoragie, de chlamydia et d'herpès génital se comptent, respectivement, par millions en Amérique du Nord: selon le *Center for Disease Control* américain, trois millions de nouveaux cas de chlamydia cette année et au total vingt millions de cas d'herpès génital. En outre, plus d'un demi million de personnes sont atteintes de la syphilis. Même si depuis la deuxième guerre mondiale des médicaments, telle la péniciline, ont révo-

En un sens, l'amour comporte aussi des risques qui, inconvenants pour l'idéologie de la libération sexuelle, l'ont fait reléguer après le désir. Quel plus grand risque existe-t-il, en effet, que celui de se confier à quelqu'un, de devenir vulnérable à ses demandes et à ses problèmes, de renoncer en partie à soi et de s'engager avec lui? A ce titre, le rapprochement amoureux fait sans doute plus peur que le rapprochement sexuel. Aussi, on se consacre plus volontiers et probablement davantage au désir qu'à l'amour. Les risques encourus par le sexe étaient, jusqu'à très récemment, moins engageants que ceux encourus par l'amour. Depuis le développement des moyens contraceptifs, le sexe portait peu à conséquence. La progression du phénomène SIDA est peut-être en train de transformer lentement les choses, mais pas par la conscientisation. Par la peur. Car il est encore une chose qui fasse plus peur que la privation sexuelle ou que l'engagement amoureux, c'est la mort.

Autre facette du même problème: alors que les principaux théoriciens de ce siècle (Freud, Reich, puis Marcuse par exemple) situaient l'origine des problèmes psychologiques ou interpersonnels dans le manque de sexe ou dans sa perversion, c'est plutôt dans le manque d'affection ou d'amour que semblent désormais s'enraciner ces problèmes.

---

lutionné le traitement des M.T.S., elles n'en demeurent pas moins répandues. Au contraire, elles s'en sont trouvées banalisées.

L'aveuglement provoqué par la croyance au sexe-roi nous a trop longtemps empêché de le constater. Les résultats de trente ans de libération sexuelle nous permettent mieux d'en mesurer les limites: plus de sensations, de permissivité ou de sexualité ne règlent pas les conflits ou les angoisses des gens.

L'espoir que la libération d'une sexualité retenue prisonnière réglerait les problèmes psychologiques est à réviser. Plaçant la sexualité au centre des problèmes psychiques humains, le freudisme (et plus encore son dérivé, le freudo-marxisme des Reich et Marcuse), mène pour la majorité des gens à la conclusion que la répression sexuelle étant combattue le sort de l'humanité s'améliorerait infailliblement. Cette hypothèse implicite de la révolution sexuelle est doublement erronée. D'abord parce qu'il est nettement exagéré de placer la sexualité au coeur de tous les problèmes individuels. Ensuite parce que ce qu'on a appelé la révolution sexuelle n'a pas nécessairement réglé les problèmes sexuels de ses protagonistes. Récupération commerciale, incitation à la consommation et à la dépendance, valorisation du narcissisme et de l'égocentrisme, fuite en avant, y compris dans la violence, déresponsabilisation personnelle, voilà quelques caractéristiques de la révolution sexuelle qui ne contribuent guère à libérer qui que ce soit! Aussi, nos besoins profonds de compréhension, de partage, d'affection et d'amour sont tout autant, sinon davantage, frustrés. De même, une vie remplie de sexualité, a-t-elle plus de sens? J'en doute. J'ai plutôt tendance à croire que le besoin de donner du sens à sa vie est plus fort encore que le besoin sexuel. Certes, plusieurs personnes choisissent précisément le sexe comme raison de vivre. Mais pour se retrouver comment, sinon éternellement insatisfaits, avides de sensations nouvelles, anxieux de perdre un instant de jouissance, sans rien d'autre à quoi se raccrocher?

Notre besoin d'organiser notre monde intérieur et celui qui nous entoure est sans doute premier. Puisque, si nous ne pouvons ni comprendre ni interpréter le monde, nous ne pouvons fonctionner à l'intérieur de celui-ci. Or la sexualité à elle seule ne procure pas de clé magique pour nous intégrer au monde et, ce faisant, nous donner et lui donner un sens.

Il est bien probable que nous cherchons à travers nos relations amoureuses et sexuelles à racheter ou à réparer le passé. La théorie qu'a émise Robert Stoller à propos des origines individuelles du désir est, en ce sens, intéressante. Prenant racine dès l'enfance pour être potentiellement remodelé au cours de l'existence, le phantasme (puis sa réalisation) a pour fonction de convertir les expériences douloureuses antérieures en plaisir. Comment? En transformant les frustrations ou les traumatismes passés (par exemple, manque d'affection, rejet d'un parent, etc.) en issue agréable: la jouissance avec un partenaire qui remplace ou symbolise dans notre scénario intérieur la personne qui nous a - fut-ce inconsciemment - délaissé ou blessé. Ainsi, le phantasme ou scénario sexuel est de façon très condensée la résolution de traumatismes ou de frustrations antérieures, qui remontent souvent à l'enfance ou à l'adolescence. C'est pourquoi, il comporterait fréquemment une certaine dose d'hostilité ou de vengeance, qui n'a pourtant rien à voir avec le partenaire en question. Aussi, l'auteur conclut-il: «*Mon hypothèse ne fait qu'illustrer une fois de plus, au moyen de l'excitation sexuelle, ce que d'autres affirment depuis des siècles, à savoir que l'être humain n'est pas très porté à aimer - surtout quand il fait l'amour*»[5].

Annihiler les frustrations vécues, les déceptions amoureuses, les interdits insurmontés, les abandons affectifs et satisfaire des phantasmes non réalisés ou des désirs réprimés, voilà ce que nous attendons, plus ou moins inconsciemment, de nos activités sexuelles. Nous leur confions sans doute là une mission difficile, voire impossible. Car le passé ne se reconstruit pas: tout au plus arrive-t-on à faire la paix avec lui! Vouloir l'effacer ou le conjurer définitivement à travers la sexualité ne peut mener qu'à une fuite en avant interminable et à une anxiété d'autant plus insoutenable qu'elle se nourrit elle-même: «*Quand donc trouverai-je la satisfaction ultime, le repos de mon esprit?*» Fugace, le sexe ne répondra jamais à cette question. L'amour le saura-t-il? [6]

(5) R. Stoller, *L'excitation sexuelle*, Payot, 1984.
(6) Dans cette même perspective, on se reportera au texte *De l'amour* inclus en annexe de ce livre.

DEUXIÈME PARTIE

LES ALTERNATIVES

Il n'y a dans la sexualité, ni essence, ni lois naturelles, ni valeurs permanentes mais des sujets pensants et agissants.

D'UNE RÉVOLUTION À UNE AUTRE

Mon évaluation de la révolution sexuelle peut sembler sévère, implacable même. Certains objecteront que leur sort correspond plus ou moins au bilan qui vient d'être dressé, leur sexualité ayant évolué différemment. Est-ce seulement possible? Sans pour autant renier le tableau dépeint dans la première partie de ce livre, je répondrais par l'affirmative. Car peu après l'avènement de la révolution sexuelle puis parallèlement à cette dernière se sont développées d'autres mutations sociales dont les effets ont chevauché, tantôt pour s'y opposer tantôt pour les dépasser, ceux de la libération sexuelle «première vague».

Ainsi, l'essor de mouvements sociaux comme le mouvement des femmes, le développement d'une contre-culture se transformant peu à peu en culture alternative, le virage d'une nouvelle gauche désormais plus sensible à l'action sur le quotidien qu'au discours théorique et l'influence d'une critique sociale et scientifique plus vivace que

jamais ont commencé à marquer notre vie personnelle et collective de façon indélébile. Les impacts
conjugués de ces courants sociaux ont aussi déclenché des changements significatifs au plan du vécu
affectif et sexuel puisqu'ils ont dans bien des cas modifié nos façons de vivre avec nous-même et avec
les autres.

Si les motifs à l'origine de la révolution
sexuelle «première vague» furent principalement
d'ordre idéologique et économique, les motivations
qui provoquent cette autre révolution sont, comme
nous le verrons, davantage d'ordre éthique et
politique. Car cette seconde vague - si on me
permet d'emprunter l'expression d'Alvin Toffler [1] -
résulte non pas de l'action d'élites avides de singu-
larités et de privilèges ou encore d'entrepreneurs â-
pres au profit mais plutôt de l'influence de courants culturels et de mouvements sociaux contestataires dont le but ultime est de changer l'ordre établi. Ceci dit, il ne faudrait pas croire que cette deuxième vague, dont nous allons maintenant parler, se
substitue à la première comme un décor de théâtre
en remplace un autre; au contraire, en dépit de
leurs divergences souvent profondes, les deux révolutions coexistent. Tantôt elles s'entrecroisent, tantôt elles se téléscopent. Nous verrons comment
dans les deux prochains chapitres. J'aborderai ensuite les conditions requises pour échapper tant aux
mystifications de la fausse libération qu'aux pièges
qui guettent les alternatives. Quelques témoignages

---

(1) A. Toffler, *La 3e vague* , Denoël, 1980.

illustreront mon propos.

Convaincu que la critique est vaine si elle ne débouche pas sur la créativité, l'imagination et la volonté de faire différemment, j'ai voulu consacrer la deuxième partie de ce livre à l'alternative. Je n'y trace qu'à grands traits ses lignes directrices. Il appartiendra ensuite à ceux et celles qui y croient de poursuivre cette réflexion et ce travail dans leur quotidien. La véritable libération sera à la mesure de la conscience et de l'engagement de chacun. On ne peut changer LA vie sans transformer SA vie. Comme l'écrivait, il y a déjà près de deux mille ans, le philosophe Sénèque: «*Est le plus puissant, celui qui a le contrôle sur soi*».

L'AUTRE LIBÉRATION

Un nombre grandissant de personnes s'inquiètent aujourd'hui des manifestations et des effets d'une révolution sexuelle mercantile et triviale. Elles s'élèvent contre la banalisation et l'envahissement de la pornographie, combattent l'installation de bars de danse nue, refusent d'être considérées uniquement comme des objets sexuels, rejettent l'idéologie du sexe libérateur, interpellent l'opinion publique. Ces protestataires sont en majorité des femmes, bien que de plus en plus d'hommes (notamment ceux qu'on désigne comme les «nouveaux hommes» [1]) leur sont solidaires. Cette contestation provoque, grosso modo, trois types de réaction. La première, qui provient des bien-pensants de gauche, consiste à assimiler ces luttes au combat de quelques puritaines et puritains en mal de retrou-

---

[1] Voir à ce sujet la revue québécoise *Hom-Info*, *La sainte virilité*, d'Emmanuel Reynaud, éd. Syros, 1981, et *Le robot mâle*, de Marc Feigen Fasteau, éd. Denoël/Gonthier, 1974.

ver leur doux passé victorien. Que ce soit au nom du progrès ou de la liberté d'expression, tout ce qu'ils demandent à ces voix dérangeantes c'est de se taire de peur qu'elles ne trouvent un écho chez les bien-pensants de droite. C'est la deuxième réaction type: le scandale hypocrite des bien-pensants de droite, qui s'agitent, déplorent les abus auxquels nous mène tant de liberté sexuelle... et en appellent énergiquement à la loi et à la censure. *Que Dieu nous protège du sexe!* Pas très convaincant et plutôt dangereux. La troisième réaction, de loin la plus courante, reste encore l'indifférence de monsieur et de madame tout-le-monde. Jour après jour, on leur a appris que tout ce qui critiquait un peu trop fort l'ordre établi était le fait de radicaux auxquels il ne fallait en aucun cas accorder quelque crédibilité. Et ils l'ont cru. Demandez à l'homme de la rue ce qu'il pense d'une manifestation anti-pornographique: il y a bien des chances qu'il vous réponde qu'il s'agit là d'un groupe de frustrées («*elles sont jalouses*»), d'arriérées («*elles veulent revenir au temps de la grande noirceur*»), ou de folles («*qu'est-ce qu'elles ont à ne pas être comme les autres?*»).

Ce que personne n'a décidément l'air de comprendre c'est que non seulement la majorité de ces femmes ne s'opposent pas à la sexualité mais qu'elles réclament, au contraire, une réelle libération de celle-ci en refusant qu'on l'enferme dans la pornographie et la violence, par une commercialisation où règnent les stéréotypes les plus aliénants. La révolution qu'elles revendiquent risque cependant de ne rapporter d'argent à personne...

Le féminisme a, plus que tout autre mouvement, véhiculé l'idée que la sexualité est l'expression de soi mais aussi le reflet de la culture environnante. Deux conclusions peuvent en être tirées. D'abord que dans une société inégalitaire, axée sur l'individualisme et la violence, la sexualité se manifeste souvent à travers l'inégalité, l'individualisme et la violence. Ensuite que chacune et chacun d'entre nous est d'autant plus responsable de l'édification de relations différentes que le changement social passe nécessairement par un engagement individuel quotidien. Ainsi, le combat pour le respect et l'égalité ne réclame pas davantage de répression de la sexualité. Au contraire, il exige qu'elle s'affranchisse des modèles oppressifs véhiculés à travers le machisme, le sexisme, la misogynie et la violence, et appelle un changement social qui vise à enrayer ces sources d'inégalité. Cette revendication n'exige donc pas moins de liberté, si ce n'est moins de liberté d'exploiter et d'avilir, mais demande plus de respect pour les femmes, les enfants et les hommes. Le corps d'autrui n'est ni une machine, ni un objet, ni un outil: en protéger l'intégrité ne contribue pas à un affaiblissement des libertés et des droits individuels mais plutôt à un renforcement de ces derniers. Il est paradoxal que celles et ceux qui s'opposent à la pornographie, comme à toute autre forme d'exploitation et de violence sexuelle, soient souvent assimilés à des puritains ou à des alliés de la droite alors qu'ils aspirent à une sexualité délivrée des rapports de domination et d'oppression à l'intérieur d'un monde plus égalitaire. Alors que ceux-là mêmes qui, au nom de la liberté d'expression, de consommation ou d'exploitation, défendent le maintien du marché de la violence et du sexe verraient ce système s'écrouler comme un château de cartes si la frustration (et pas seulement sexuelle) sur laquelle il compte n'existait plus.

Les thèmes qui prônent une humanisation de la sexualité ne se retrouvent pas que chez les féministes. On les reconnaît également dans la philosophie pacifiste et égalitariste issue de la contre-culture des années soixante/soixante-dix et dans l'appel à un accord accru entre notre vie personnelle et nos théories politiques lancé par la nouvelle gauche.

Ce qu'on surnommait vers la fin des années soixante la *contre-culture* - révélant par le fait même combien on la réservait à la marginalité - s'est à travers maintes péripéties développé au point de représenter aujourd'hui une culture [2] alternative. Abandonnant ses excès, tels que le culte de la drogue, la provocation anti-conformiste et la banalisation du sexe, la contre-culture s'est en effet métamorphosée: elle a essaimé dans les mouvements contestataires et novateurs des vingt dernières années. L'écologisme, le mouvement du potentiel humain, le pacifisme, le rejet des valeurs de consommation et de compétition représentent maintenant les principales manifestations de cette nouvelle sensibilité. Elle colore aussi la façon de concevoir des rapports humains, amoureux et

---

(2) Je conçois la culture comme un ensemble de valeurs, de relations et de comportements partagés par une collectivité.

sexuels non antagonistes. Dans son livre *La simplicité volontaire* , le docteur Serge Mongeau illustre bien cette tendance. A propos de la révolution sexuelle, il signale que «*nous n'avions nul besoin de cette sexualité dominatrice et tournée vers la satisfaction égoïste de l'individu, mais bien d'une recherche des moyens pour arriver à une sexualité épanouissante - qui couronne une relation et non la remplace*» [3] . Les objectifs poursuivis par ce courant de pensée et d'action sont clairs: davantage de pouvoir sur nos vies, tant dans leurs dimensions communautaire, professionnelle, familiale qu'affective et davantage d'espace pour la créativité, l'imagination et l'autonomie. Bref, ce qui importe le plus c'est la vie: la qualité de celle-ci et de son environnement priment donc. Ceci suscite le retour à une plus grande simplicité de vie, des réseaux d'entraide, des groupes écologistes, etc. Il est particulièrement intéressant de noter combien à la morale extérieure imposée par l'État, l'Église, l'Entreprise ou l'Institution, la culture alternative oppose une morale interne aux individus, qui part du respect de soi, des autres et de l'environnement [4].

Semblable logique n'a pas échappé non plus à ce qu'on a appelé la «nouvelle gauche», qui a vu

---

(3) S. Mongeau, *La simplicité volontaire* , Québec / Amérique, 1985, p. 74.
(4) *Les enfants du Verseau* , le best-seller de Marilyn Ferguson (éditions Calmann-Lévy, 1981), dresse un tableau d'ensemble intéressant de la culture alternative. L'oeuvre de Théodore Roszak est aussi représentative de cette approche.

le jour vers la même époque. Que la révolution sociale soit faite de multiples révolutions minuscules, opérées au niveau des individus et de leur entourage immédiat, voilà peut-être son apport le plus marquant et le plus original. Plutôt que de préparer le «grand jour», les nouveaux militants privilégient le changement social à travers et dans le quotidien. Cette nouvelle forme de militance passe moins par l'activisme ou par la théorie politique; elle se glisse plutôt dans la vie professionnelle, sociale et même affective de chacun. Moins de théorie et plus d'action. Comment, en effet, transformerons-nous le monde si nous ne sommes pas capables de nous changer nous-mêmes et de participer aux débats, aux mouvements et aux enjeux qui nous sollicitent quotidiennement? A quoi et à qui servira une révolution sociale qui ne saurait transformer nos relations les plus significatives, c'est-à-dire les relations entre les individus, hommes et femmes, entre les générations et entre les détenteurs de pouvoirs (politiques, scientifiques, industriels, etc.) et les citoyens? Dans son opuscule *Et vous êtes de gauche?* Denis Langlois écrit:

«*Attirons l'adversaire sur notre terrain, sur celui où il aura les plus grandes difficultés à s'imposer: celui de la morale. Pas de cette hypocrite morale des mots où il est passé maître; de cette morale des actes où l'on ne peut pas tromper longtemps son monde. Mais pour cela, il est indispensable qu'un nombre de plus en plus important d'hommes rompent avec les valeurs du système à combattre.*

Pas superficiellement, comme ces écologistes d'opérette qui vont à leur travail en vélo, mais ne changent rien au reste de leur vie. Une révolution ne peut se faire que collectivement». Et il conclut: «*Inventons ensemble notre propre morale*» [5].

Bien qu'appliquées à différents domaines de la vie, les caractéristiques de la révolution intérieure prônée par ces courants sociaux convergent: il s'agit avant tout de changer notre façon de concevoir le monde, que ce soit dans nos rapports hommes-femmes, humains et nature ou encore citoyens et pouvoirs. Ce changement de conception provoque, à son tour, une transformation de nos attitudes et de nos comportements quotidiens. Prise en mains de nos vies, respect des autres et de l'environnement, entraide et solidarité, voilà les principaux mots d'ordre de ce mouvement de pensée et d'action.

Comme de nombreux scientifiques (biologistes, psychologues et sexologues en particulier) s'étaient faits les mentors de la révolution sexuelle «première vague», un travail de démystification de leur entreprise se devait aussi d'être opéré. C'est ce qu'a, entre autres, permis l'essor de la critique professionnelle et scientifique issue de la contestation étudiante de la décennie fin des années soixante/fin des années soixante-dix. La violence

---

(5) D. Langlois, *Et vous êtes de gauche?*, Galilée, 1979. p. 107.

sexuelle est normale? Le comportement sexuel programmé par les gènes? Les pulsions incontrôlables? Ce sont là des théories qui, bien qu'en vogue, demeurent des hypothèses parmi tant d'autres possibles. Il importe de le reconnaître, nous enseigne l'épistémologie [6]. Mais, plus encore, conviendrons-nous que, derrière ces choix théoriques, se profilent des choix philosophiques et politiques? [7] La science n'est jamais neutre, parce qu'elle est faite par des humains, qui la construisent avec des outils intellectuels et techniques imparfaits. Qui peut vraiment nous dire qui nous sommes psychologiquement ou comment nous devrions être sexuellement? Qui peut définir ce qu'est un vrai homme ou une vraie femme? Qui d'autre que nous-même à travers notre connaissance de la vie et notre pensée critique? Cela peu d'experts le prêchent.

A l'instar des femmes combattant les représentations dégradantes d'elles-mêmes, de plus en plus de gens réalisent la duperie d'une révolution qui libère le sexe comme marchandise tout en maintenant hommes et femmes esclaves de stéréotypes aliénants. Si la révolution sexuelle a été présentée

---

(6) Epitémologie: étude critique des théories et des sciences destinée à déterminer leur origine logique, leur valeur et leur portée.

(7) De nombreux ouvrages ont illustré ce courant de pensée. Citons notamment: *Sexe sur ordonnance*, Thomas Szasz, éd. Hachette, 1981 et *Les biologistes vont-ils prendre le pouvoir?*, Pierre Thuillier, éd. Complexe, 1981.

comme championne de la libération des corps, elle ne s'est guère préoccupée d'une libération équivalente des esprits. Et pour cause! Comme le soulignait l'historien américain Théodore Roszak, la sexualité *libérée* a surtout été «*la récompense accordée aux supporteurs complaisants du statu quo: avant de pouvoir être un séducteur accompli, notre candidat playboy doit être un serviteur fidèle*» [8]. Par delà la tolérance et même l'incitation de bon ton désormais requises, pas question de développer des conceptions de la sexualité qui soient en rupture avec l'ordre établi. Au contraire, l'imagerie de la soi-disant libération sexuelle née dans les années cinquante reprend et accentue tous les stéréotypes les plus rétrogrades: l'homme conquérant et dominant, la femme soumise et dominée, le couple comme finalité, la possessivité, les expériences extra-conjugales comme piment nécessaire à la vie, la violence comme source supplémentaire d'excitation, etc. Les conceptions traditionnelles de la sexualité demeurent omniprésentes. Seule évolution: le sexe est désormais permis, voire incité. Mais à l'intérieur d'une «moralité» bien définie où les rôles et les attitudes de chacun et chacune sont circonscrits.

C'est davantage contre cette moralité aliénante, qui a encarcané la révolution sexuelle première vague, que les féministes, les *nouveaux hommes*, les adeptes de la nouvelle gauche et de la culture alternative ainsi que beaucoup de jeunes se re-

---

(8) T. Roszak, *Vers une contre-culture*, éd. Stock, 1970.

bellent. Ces femmes revendiquent une sexualité délivrée du sexisme, de la violence et de la misogynie, ces hommes veulent expérimenter des rapports non stéréotypés avec les femmes et les autres hommes, ces jeunes souhaitent apprivoiser une sexualité différente de celle de leurs aînés, moins centrée sur la génitalité ou la performance et davantage axée sur la tendresse et l'affection. Tous, ils souhaitent plus de pouvoir sur leur propre vie. Ce que ces gens demandent ce n'est donc pas, comme certains l'ont cru, que l'on revienne en arrière mais, au contraire, que l'on révolutionne cette fois-ci la qualité des relations humaines (alors que la révolution précédente ne portait que sur la qualité et la quantité des relations sexuelles). Le but visé? Rien de moins que de transformer les rapports que nous entretenons avec nous-même, avec la sexualité et avec les autres.

Dans son enquête faite en France sur la nouvelle *sexualité chaste,* Yan de Kerorguen cite ce témoignage d'une femme dans la quarantaine: «*Je préfère ne pas avoir de rapports du tout plutôt que des rapports brutaux ou agressifs. Les femmes divorcées que je connais aiment mieux attendre, faire l'examen de leurs désirs, emprunter la carte du Tendre. Elles ne veulent plus vivre l'aventure occasionnelle, car c'est toujours un rapport de violence qui en résulte. L'homme se dit, en effet: une femme seule, qui prend la pilule, je passe un bon moment, je ne risque rien. On a l'impression que les hommes se vengent avec les femmes divorcées. Ils se montrent brutaux. Ils ne s'engagent pas, en profitent de manière cynique. Beaucoup de mes amies en viennent à réviser leur jugement sur la sexualité à cause de cela. Il y a une nouvelle sensibilité qui se dégage, l'envie de douceur. (...) Je crois que ce qui leur suffit, c'est le billet doux»* [9] .

Respecter l'autre autant que l'on se respecte soi-même, rechercher par delà le plaisir une communion d'esprit, privilégier la tendresse plutôt que la performance sexuelle, s'ouvrir aux besoins et aux attentes de l'autre plutôt que se centrer sur soi-même, et surtout laisser de côté les rôles et les stéréotypes appris, voilà quelques-unes des caractéristiques d'une sexualité transformée à partir de l'intérieur des personnes. A la moralité puritaine recyclée en moralité du profit et du chacun pour soi, on oppose maintenant une moralité intérieure: la nécessité d'une sexualité qui soit en harmonie avec la condition et les valeurs humaines. Car si elle représente notre expérience la plus intime, la sexualité est aussi notre expérience la plus sociale, puisqu'elle signifie à nous-mêmes et aux autres qui nous sommes à travers qui nous désirons et aimons. Plus encore: comme ils deviennent bien souvent des moteurs de nos vies, le sens que nous donnons au désir et à l'amour rejoint le sens que nous donnons à notre existence. Aussi, notre éthique en matière de sexualité et d'amour non seulement reflète notre éthique de vie mais bien souvent la fonde.

Par delà les codes éthiques ou moraux qui

---

(9) Y. de Kerorguen, *Le plaisir chaste* , éd. Autrement, 1984,
    p. 101.

nous ont été imposés, tantôt par le religion, tantôt par la science, tantôt par l'industrie du sexe, restent les grandes questions auxquelles chacun d'entre nous a, un jour ou l'autre, à répondre: qui suis-je, où vais-je, quelle contribution aurai-je apportée au monde? A ces questions, aucun code préétabli n'apporte de réponse toute faite. Et celui de la libération sexuelle tous azimuts moins que tout autre. A moins, bien sûr, que l'on ne veuille répondre aux trois questions précédentes: *«Je suis du sexe, je m'en vais avoir du sexe et ma contribution sera pour l'avancement du sexe»* .

De toutes les espèces vivantes, l'humain est à peu près le seul à posséder une sexualité volontaire (c'est-à-dire consciemment déclenchable), sélective (qui permet le choix de partenaires), rationnelle (c'est-à-dire dotée de significations) et labile (c'est-à-dire régie par l'apprentissage). Par conséquent, nous sommes vraisemblablement ceux à qui le plaisir sexuel fournit la plus grande gamme d'émotions et, surtout, de significations. La sexualité est sans doute l'une de nos facultés qui nous apporte le plus de délices mais c'est peut-être aussi celle qui provoque le plus de problèmes (des déraisons de la passion aux abus sexuels). D'où l'importance que nous lui accordons. Mais de là à conclure que nous ne sommes que cette dimension sexuelle, il y a un pas que je me garderais bien de faire. Parce que, qu'on le veuille ou non, nos besoins ne se résument pas à nos besoins sexuels: ils comprennent aussi les besoins de survie, de sécurité et d'accomplissement. Comme le croyait Jung, disciple dissident de Freud, il est même probable que le besoin de donner du sens à nos actes et à notre vie soit bien plus grand encore que nos seuls besoins sexuels. L'euphorie provoquée par la sexualité peut nous faire oublier ou négliger ces aspects mais jamais les effacer. En ce sens, les marchands de sexe sont des marchands d'illusion: derrière leurs décors de carton-pâte, il n'y a rien que le vide. Il nous faudra bien nous en rendre compte tôt ou tard.

LES PIÈGES
TENDUS

S'ils présagent des changements plus intéressants, les mouvements d'idées et d'actions qui se sont développés en contre-partie de la révolution sexuelle n'en sont pas moins porteurs d'ambiguïtés. Il n'existe pas d'un côté la culture dominante, dont fait partie la commercialisation et la chosification du sexe, et d'un autre côté les sous-cultures ou mouvements alternatifs. Au contraire, en dépit de leurs origines divergentes, les deux tendances s'entremêlent et s'entrechoquent. De plus, certaines orientations prises par différentes factions des courants et des mouvements alternatifs semblent paradoxales, quand elles ne vont pas carrément à contre-sens de leurs idéaux premiers. . C'est pourquoi il importe d'être conscients des pièges qui parsèment encore la route de l'alternative.

Le mouvement homosexuel fournit un bon exemple de l'interaction produite entre la révolution sexuelle «première vague» et la seconde. D'autant plus qu'il a été un des fers de lance de la contre-culture et qu'il a largement emprunté à la nouvelle gauche et à la critique des sciences son discours revendicateur. Le mouvement gai connut son essor à partir de la fin des années soixante, dans le sillage des mouvements contestataires prônant le respect des minorités. S'étant d'abord développé aux Etats-Unis, il s'inspira grandement des théories et des actions mises de l'avant et par le mouvement féministe et par le mouvement de libération des Noirs. Aussi, appelait-il ceux qui ressentaient une attirance homosexuelle à se regrouper pour revendiquer le respect de leur *identité* commune, reconnaissant par le fait même les désirs ou les comportements homosexuels comme des facteurs de singularisation, de différence et, nommément, d'identification. Ce mouvement entendait surtout lutter contre les stéréotypes sexistes et homophobes dont l'homosexualité était entachée, réclamant le droit de chacun à la différence. Ainsi, le modèle valorisé au départ est celui de l'androgynie. «*Reconnaissons la part irréductible de féminin et de masculin en chacun de nous, cessons d'accentuer les différences entre les deux, donnons aux hommes le droit à la tendresse et à la sensibilité, y compris quand ils l'expriment avec d'autres hommes*», voilà quelques lignes directrices du mouvement initial. Tout cela va cependant changer très vite dès lors que la contestation sera habilement récupérée par la consommation.

Maintenant qu'ils se reconnaissent une identité en fonction de leur attirance sexuelle, les hommes gais [1] vont participer au développement de tout un réseau de commerces (bars, sex-shops, restaurants, saunas, etc.) et de services (du psychologue au prostitué) axé sur le «vécu de son homosexualité». Plus perméable à l'idéologie de la révolution sexuelle puisque moins lié à la morale traditionnelle, le mouvement gai va en partie tomber dans ses filets. Survalorisation de la sexualité et en particulier des aventures expéditives, abandon du modèle androgyne au profit du modèle «macho» à grand renfort de studio de conditionnement physique, de denim et de cuir, distanciation croissante avec les autres mouvements de revendication jadis très proches, notamment celui des femmes (ce qui provoque d'ailleurs une rupture parfois presque totale entre les femmes lesbiennes et les hommes gais), etc. De contestataire et libérateur qu'il était au départ, une grande partie du mouvement gai a évolué vers la tranquille jouissance de *l'identité* homosexuelle dans ses ghettos. Paradoxe de taille: ce sont bientôt les non-homosexuels qui vont copier ses modes et ses styles de vie (les discothèques et le sexe sans lendemain par exemple). Ce résultat est fort différent, il va sans dire, de la contestation des stéréotypes [2] et de l'intégration sociale visées à l'origine.

---

(1) La situation des femmes lesbiennes, bien davantage impliquées dans le mouvement des femmes, évoluera différemment.

(2) Certains prétendent que le modèle *macho* est précisément une contestation du stéréotype *efféminé*. Alors n'est-ce pas troquer un stéréotype contre un autre?

Cette obsession de l'identité, sans doute normale sinon nécessaire pour tout mouvement qui prend forme, se retrouve semblablement parmi le mouvement des femmes et celui, plus récent et plus restreint, des nouveaux hommes. S'il n'a pas encore été détourné aussi visiblement que dans le cas précédent, ce culte de l'identité n'en présente pas moins les mêmes risques. Une certaine littérature, tant féministe que masculiniste, fait grand usage de «masculinitude» et, surtout, de «féminitude» (on n'a qu'à lire Luce Irigaray ou Annie Leclerc pour s'en convaincre). Comme si femmes et hommes constituaient, à la limite, des espèces ou des sous-espèces différentes! On ne peut nier que leur physiologie respective et surtout la socialisation qui leur est imposée en vertu de cette physiologie génèrent des particularités. Cependant, alors que l'intention initiale de ces mouvements était d'abattre les inégalités et les différences artificielles entre hommes et femmes, le mythe d'une *essence* masculine et d'une *essence* féminine ne mène-t-il pas dans une direction opposée? Surtout, l'entretien de ces mythes ne provoque-t-il pas un repli sur soi - afin de se découvrir soi-même dans sa féminitude ou sa masculinitude, selon le cas - davantage narcissique que libérateur? Le politicologue Claude Alzon qui, dans son livre *Femme mythifiée, femme mystifiée,* analyse le phénomène du *féminisme de la différence* , ne mâche pas ses mots à son endroit:

«*Aussi apparaît clairement le caractère profondément mystificateur d'un discours qui prétend libérer les femmes par le corps et ne vise en réalité qu'à une chose: les flatter dans*

leur différence, c'est à dire dans leur corps,
puisqu'il n'y en a pas d'autre, en glorifiant
pendant deux cents pages leur ventre fécond,
leurs seins nourriciers, leur utérus sublime
et leurs règles dionysiaques afin de leur faire
oublier tout ce qui chez un esclave rend into-
lérable sa servitude: le désir d'agir, le goût
d'oser, le plaisir d'apprendre et de réflé-
chir» [3].

La nouvelle culture porte précisément le même risque. Elle promeut une libération intérieure qui est trop souvent confondue, à la grande satisfaction de ceux qui en font commerce, avec l'usage de thérapies physiques ou psychologiques de tous genres. Les pages des revues contre-culturelles ou alternatives regorgent d'ailleurs d'annonces pour ces services. Je ne nie pas qu'une démarche thérapeutique puisse parfois servir de point de départ ou d'incitation au difficile travail de soi sur soi. Cependant, il est clair qu'aucune thérapie ne peut se substituer au patient travail de méditation, d'analyse et de prise de décisions qu'implique un pouvoir accru sur sa propre vie. Au contraire, combien ai-je connu de ces personnes dépendantes d'experts et de thérapies à un tel point que cela les empêchait de prendre leur existence en mains! L'accent mis par la plupart des thérapies actuelles sur la psychologie individuelle et sur la résolution uniquement interne de

---

(3) C. Alzon, *Femme mythifiée, femme mystifiée*, P.U.F., 1978, p. 99.

ses conflits aboutit d'ailleurs fréquemment à une impasse. D'abord parce que notre psychologie n'explique pas à elle seule nos comportements: nos conditions de vie et nos relations avec les autres sont souvent tout aussi déterminantes [4]. Ensuite, parce que les conflits, les ambivalences ou les problèmes existentiels se règlent moins dans les salles de thérapies qu'avec les personnes concernées dans la vie de tous les jours, que les thérapeutes peuvent symboliser un moment mais jamais remplacer.

Bref, si la culture alternative peut libérer bien des potentiels étouffés par le conformisme et le conservatisme, le danger plane qu'elle canalise ces énergies vers un narcissisme et un repli sur soi sans issue. Comme si le but ultime consistait à être parfaitement bien dans son esprit ou dans son corps, ce qui est évidemment impossible, et non plus de savoir utiliser son potentiel pour gagner en pouvoir sur sa vie privée, sociale, professionnelle, politique, etc. Sur le plan de la sexualité, j'ai malheureusement trop souvent vu en consultation des personnes mystifiées par ce courant d'idées. Étaient-elles assez bien dans leur peau et dans leur sexualité? Avaient-elles atteint un degré acceptable de libération? Étaient-elles suffisamment désinhibées? Curieusement, leurs préoccupations et leurs anxiétés rejoignaient assez celles engendrées par la libéra-

(4) Voir à ce sujet l'étude de Jacques-Philippe Leyens, *Sommes-nous tous des psychologues?* (dont le sous-titre est: *Approche psychosociale des théories implicites de la personnalité*), Pierre Mardaga, 1985.

tion sexuelle axée sur la performance et la normalisation. Alors même que ce sont précisément les travers desquels ces personnes voulaient se démarquer!

Une abondante littérature s'est développée au cours des dernières années pour critiquer certains dogmes scientifiques qui édictaient la sexualité normale. Par exemple, les enquêtes de Shere Hite révélèrent bien des aspects insoupçonnés de la sexualité des femmes, puis de celle des hommes [5] ; des recherches sur l'homosexualité, la bissexualité et même le transexualisme démontrèrent le caractère arbitraire des jugements supposément scientifiques posés sur ces réalités [6] ; enfin la normalité rigide des experts en sexe et de leurs thérapies a été sérieusement remise en question [7].

De telles entreprises ont permis de démystifier beaucoup d'idées préconçues, de concepts et de théories qui rendaient les gens encore plus anxieux de «n'être-pas-comme-il-faut» et les experts plus déterminés à les rendre «normaux». En soulignant

---

(5) S. Hite, *The Hite Report*, Dell, 1976 et *The Hite Report on Male Sexuality*, Alfred A. Knoff, 1981.

(6) K. Plummer, *The Making of the Modern Homosexual*, Hutchison, 1981; *Homosexuality and American Psychiatry*, R. Bayer, Basic Books, 1981; *Bissexualité*, C. Wolff, Stock, 1981; *L'empire transexuel*, J. Raymond, Seuil, 1981.

(7) V. et B. Bullough, *Sin, Sickness and Sanity*, New American Library, Meridian, 1977; *Dire nos sexualités*, X. Gauthier, éd. Galilée, 1976; *Sexe sur ordonnance*, T. Szasz, éd. Hachette, 1981.

combien les théories concernant la sexualité sont tout aussi faillibles et arbitraires que les autres, la critique scientifique et professionnelle rend à tous, y compris à ceux qu'elle dénonce, un immense service. Elle nous force à voir combien notre connaissance de la sexualité humaine sera toujours colorée idéologiquement, puisque tant l'observateur que l'observé sont les produits et les producteurs d'idéologies et de cultures qui n'ont rien de naturelles ou d'universelles. Reconnaître que notre savoir sur nous-même et sur notre sexualité est immanquablement arbitraire, contingent et provisoire ne doit cependant pas nous empêcher de le développer davantage! Et c'est souvent là que la seule critique devient insatisfaisante. Critiquer une théorie scientifique ou une approche thérapeutique ne fournit pas nécessairement d'alternatives à celles-ci. Or c'est d'alternatives dont nous avons le plus besoin!

Si la critique des approches traditionnelles ou conservatrices de la sexualité doit servir à quelque chose, c'est bien au développement de nouvelles approches. Pas d'accord avec la sexualité-reproduction ni avec la sexualité-drogue? Alors explorons de nouvelles avenues, créons de nouvelles théories, inventons une autre façon de concevoir notre sexualité. Ne nous bornons pas à rejeter les modèles insatisfaisants: bâtissons-en de nouveaux.

Même la préoccupation accrue de la gauche politique pour le domaine de la vie privée ne doit jamais nous faire oublier que ce sont moins les lois ou les intentions qui changent la vie que les prises de conscience et les actes concrets. Les questions controversées de l'égalité hommes-femmes, de l'avortement, de la sexualité des jeunes, des différences d'orientation sexuelle ou de la pornographie se régleront vraisemblablement davantage à travers l'éducation populaire et la valeur de l'exemple que par les affrontements ou même les législations, si progressistes soient-elles. Les élus et les lois changent, mais les mentalités évoluent lentement, bien que plus durablement encore. C'est pourquoi la nouvelle gauche n'a jamais tant raison que lorsqu'elle prétend que la politique commence dans le quotidien, c'est-à-dire dans la vie privée.

L'avortement permet précisément d'aborder de front la question du lien entre l'idéologie, la politique et la vie privée. L'avortement est encore une des questions sexuelles les plus épineuses de notre temps. Même si, au Canada, l'avortement thérapeutique est permis depuis 1970, des débats font périodiquement rage autour de lui. En fait, une conception de la liberté en affronte une autre: d'une part, la liberté de mener une grossesse à terme ou pas, pour les éventuels parents, d'autre part, la liberté de naître pour l'embryon de vie alors en gestation. J'ai trop vu d'enfants non désirés, maltraités, négligés ou abandonnés pour ne pas reconnaître à chaque femme le droit de choisir d'enfanter ou non à partir de la connaissance qu'elle a de sa situation: elle est assurément la mieux placée pour ce faire. Donner la vie représente un des actes les plus significatifs qui soit; aussi devrait-il être choisi et mûri avec le moins d'entraves possibles. Il y en a déjà assez qui proviennent de la situation socio-économique, familiale et maritale sans y ajouter de pressions religieuses ou sociales. Il n'en demeure pas moins que, contrairement à ce que l'essor des méthodes contraceptives pourrait laisser supposer, les taux officiels d'avortements par rapport aux naissances vivantes sont en augmentation. D'après les statistiques les plus récentes, il y a 17 avortements pour 100 naissances au Québec, 22,7% en France, 38% dans le berceau du catholicisme qu'est l'Italie et 43% aux Etats-Unis où, incidemment, plus d'un million d'adolescentes sont enceintes chaque année [8]. Dans certains pays de l'Est, le nombre d'avortements égale ou même dépasse le nombre des naissances: 98,5% en Bulgarie et 122,8% en Hongrie [9]. Manifestement, la libération sexuelle n'a pas réglé, malgré ses promesses, le problème des grossesses non désirées et la faute ne peut pas, du moins en Occident, être imputée à l'absence de moyens contraceptifs. On peut cependant supposer que les dangers que présentent pour beaucoup de femmes des moyens contraceptifs comme la pilule et le stérilet, la régression des services d'information sexuelle et de planning familial en période de restrictions budgétaires et de politiques natalistes, ainsi que l'abandon par les hommes du fardeau de la contraception à leurs partenaires féminines jouent un rôle déterminant dans cette situation. Pour un accès libre et gratuit des femmes qui le désirent à l'avortement sur demande? Certainement.

---

(8) Données provenant de *Québec Statistique*, édition 1985-86, Bureau de la statistique du Québec.

(9) Données recueillies par Germaine Greer dans son livre *Sexe et destinée*, Grasset, 1986.

Mais attention: il s'agit peut-être moins là d'un débat entre la droite et la gauche qu'entre femmes et hommes, qu'ils soient politiciens, médecins ou partenaires, afin de contrôler le corps des femmes et sa faculté d'enfanter. Un des pièges tendus aux personnes les plus progressistes dans ce débat c'est de mal identifier la population à sensibiliser et l'ennemi à combattre (qui n'est pas nécessairement quelques extrémistes de droite). Comme le fait remarquer la féministe Germaine Greer:

> «Au lieu de porter toute l'attention sur le droit légal d'avorter aussi tard que possible, on devrait s'attaquer à l'obscurantisme et à la présomption qui rendent les interruptions de grossesse tardives si fréquentes. Dans chaque avortement provoqué, joue un élément inacceptable de retard causé par l'inaccessibilité de l'information, le bon vouloir des médecins, la compétition avec les autres pratiques médicales, le charlatanisme, l'hypocrisie et le manque de pitié. Retard qui ajoute cinq ou six semaines à une grossesse non désirée, auxquelles se joignent des complications psychologiques, émotionnelles et médicales, tandis que le foetus se développe inexorablement vers la viabilité» [10].

A quand plus d'éducation populaire pour sensibiliser les hommes aux conséquences et aux

---

(10) G. Greer, *Sexe et destinée*, Grasset, 1986, p. 207.

responsabilités inhérentes à la sexualité? A quand le libre recours, non seulement pour les femmes mais aussi pour leurs partenaires, à l'information et aux services de santé qu'une sexualité complexe comme la nôtre justifie? Ce n'est vraisemblablement que lorsque tout le monde sera sensible à la question de la contraception et de l'avortement que la liberté de chaque femme de choisir sa maternité comme elle l'entend sera respectée.

En terminant ce chapitre, qu'il me soit permis de souligner que les ambivalences, les embûches et les pièges placés sur le chemin des alternatives ne doivent pas être source de démobilisation ou de défaitisme. Il serait tout aussi dommage qu'ils servent à miner ou à discréditer des efforts individuels et collectifs estimables. Pourtant si nous voulons changer vraiment quelque chose en nous-mêmes et dans notre environnement, il nous faut accepter la critique et, plus encore, l'auto-critique. Assurément, il est difficile d'essayer de construire du différent sans être tentés, plus ou moins consciemment, de reproduire d'une façon ou d'une autre les schémas culturels qui sont ancrés en nous. La culture que nous voulons changer, nous en faisons en même temps partie, nous en sommes même le produit. Ce n'est décidément pas une raison pour abdiquer, mais sûrement un motif de circonspection: tout ce qui est nouveau n'est pas novateur, tout ce qui est changement n'est pas amélioration. Le progrès naturel, ça n'existe pas. Il n'y a que l'oeuvre patiente d'hommes et de femmes qui arrivent à transformer leurs conceptions et leurs actions, influençant ainsi celles des autres.

LA LIBERTÉ ET LE RESPECT

Nous nous trouvons à la croisée des che-
mins. D'un côté, celui du défoulement sexuel tra-
vesti en libération et, de l'autre, celui du retour en
force des valeurs puritaines. Pourtant, hors ces sen-
tiers battus, une troisième voie se dessine. Encore
peu défrichée, cette troisième voie s'ouvre à la fois
sur la liberté individuelle, tant mais si mal prônée
par la révolution sexuelle, et sur le respect de soi et
des autres, que nous rappellent bien peu subtilement les tenants du retour à la rigide morale
traditionnelle.

La liberté et le respect ne vont pas l'un sans
l'autre. Ceux qui veulent nous priver de l'un au
profit de l'autre nous condamnent, à la limite, soit
à une société irresponsable où la liberté ne connaît
pas de restrictions, soit à une société totalitaire où le
respect des autres est synonyme de soumission
aveugle à l'autorité.

La sexualité est-elle un droit? Sans doute,
mais pas sans l'exigence d'une responsabilité qui é-
quilibre ce droit. C'est une des pierres d'achoppe-

215

ment de la révolution sexuelle: avoir, en principe, fait de la sexualité un droit sans en faire une responsabilité équivalente. On a instauré le droit au plaisir et à la jouissance mais minimisé le respect des autres et les conséquences de ses actes. Lorsque le sexe est conçu comme une prérogative, un bien ou un service, doit-on s'étonner que ceux qui le personnifient soient si souvent ramenés à l'état d'objets? Comment, par la suite, être surpris par la réaction des bien-pensants de droite qui, devant les abus commis, réclament moins de tolérance et plus de rigorisme? Pourtant aucune solution ne parviendra ni de la poursuite d'une pseudo-libération qui crée davantage de problèmes qu'elle n'en résoud, ni d'un retour en arrière effectué au nom d'une morale hypocrite. Car si ce n'est pas en déifiant la sexualité, ce n'est pas non plus en la niant ou en la canalisant selon les seuls impératifs «travail-famille-patrie» que nous l'humaniserons.

Que faire alors? Les perspectives ouvertes par l'*autre révolution* débouchent sur des alternatives viables, pour peu que nous en évitions les pièges et en réduisions les ambiguïtés. Mais, plus encore, la prise de conscience par chacun de nous de la nécessité d'une éthique personnelle et collective est essentielle. Car nous savons désormais que pas plus la morale périmée de nos ancêtres que celle des promoteurs du sexe ne convient à notre double aspiration à la liberté et au respect.

En cette époque où presque plus personne n'ose prendre de position éthique, il faut avoir le courage de défendre et de vivre ses valeurs humaines, dans la sexualité comme ailleurs. Car les actes sexuels ne dégagent pas davantage notre responsabilité que tout autre comportement. L'édification d'une éthique personnelle ne signifie cependant nullement qu'il faille par la suite l'imposer aux autres. La morale ne devrait jamais être synonyme de dogmatisme. La meilleure incitation, en ce domaine comme dans bien d'autres, demeure celle de l'exemple, qui est la forme d'éducation la plus efficace.

Pendant des siècles la morale religieuse a défini ce qui était sexualité légitime et ce qui ne l'était pas. L'idéologie de la révolution sexuelle n'a fait que reprendre le flambeau, en instaurant des normes différentes mais tout aussi étrangères aux besoins profonds des individus. Ainsi, c'est endoctrinés de codes artificiels que nous avons appris à vivre notre sexualité. Les morales extérieures ont toujours remplacé, sinon empêché, le travail que nous avons tous à affectuer sur nous-mêmes pour savoir qui nous sommes, à quoi nous croyons, quel sens nous donnons à nos actes et, ultimement, à notre vie.

Puisqu'ils s'érigent souvent en moteurs de nos vies, la signification que nous donnons à nos désirs et à nos comportements sexuels ou amoureux rejoint le sens que nous donnons à notre existence. Notre éthique sexuelle reflète immanquablement notre éthique de vie. Ceci d'autant plus que le désir et l'amour, en plus d'être relations à soi et aux autres, sont relations au monde. Car à travers mes désirs et mes amours, je communique, j'apprends et j'expérimente. C'est néanmoins à moi, et à moi seul, de déterminer quels messages j'entends transmettre, quelles connaissances de moi-même et de l'autre j'entends approfondir, quelles sensations et quels sentiments j'entends développer. Car si ma sexualité fait partie de moi, je fais aussi partie de ma sexualité. Et si je ne suis pas le seul responsable de mon histoire de vie, de mes antécédents, des événements qui m'ont marqué, ni même de mes manques, de mes besoins et de mes désirs, je le suis de mes actes. A condition de me donner des idéaux qui transcendent mon petit moi égoïste.

Ne vivons-nous pas dans une société qui a précisément perdu ses idéaux? En quoi croyons-nous donc encore? Questions déterminantes. Tous ceux qui se sont lancés à corps perdus dans le sexe-défoulement, l'auraient-ils fait s'ils avaient été occupés à combattre l'intolérance, la pauvreté, l'exploitation ou la famine, par exemple? Le sexe-consommation est le produit d'une société économiquement privilégiée mais politiquement passive. Aliénés dans leur conscience, coupés de la condition et de la solidarité humaines, les forcenés du sexe sont les produits dérisoires mais combien morbides d'une société sans idéaux autres qu'égocentriques. «S'envoyer en l'air», quels que soient les moyens utilisés (drogues, exploitation, violence, etc.) et les conséquences produites en soi-même ou chez les autres, voilà un des leitmotive dominants de notre époque. Etre le plus flyé ou le plus branché, uniquement pour prouver à soi-même et aux autres qu'on existe, mais aussi pour fuir une réalité sans signification, forcément toujours décevante.

218

Sans message à livrer, sans autre but à atteindre que de séduire ou de consommer, nombre de nos contemporains se condamnent à la superficialité, à l'éphémère, au vide. Dans une société centrée sur l'illusion d'abondance des besoins et des plaisirs, chacun tient pour considérable le pouvoir de se satisfaire, sexuellement et autrement, alors que le vrai pouvoir tant sur nous-même que sur le monde est ailleurs. En ce sens, la révolution sexuelle ne change guère l'ordre socio-politique établi: je dirais même qu'elle le renforce en centrant chacun sur sa petite vie génitale. Là-dessus, je suis bien d'accord avec Pascal Bruckner et Alain Finkielkraut qui, dans leur satire de la révolution sexuelle, *Le nouveau désordre amoureux*, concluent: «*Autant dire que la révolution sexuelle comme rédemption du corps total par le seul exercice des organes génitaux est une aberration, une imbécilité aussi monstrueuse que le puritanisme hypocrite des générations antérieures*» [1].

L'amour lui-même, cette *révolution à deux* qu'a si bien décrite Francesco Alberoni dans *Le choc amoureux* [2], n'est plus de mise tellement il a été galvaudé et assimilé au désir. D'ailleurs, comment peut-il encore se produire alors que l'échange, la communication, la vulnérabilité, la confiance et le respect qu'il exige sont si souvent considérés démodés?

---

[1] P. Bruckner et A. Finkielkraut, *Le nouveau désordre amoureux*, Seuil, 1977, p.49.
[2] F. Alberoni, *Le choc amoureux*, éd. Ramsay, 1981.

La révolution sexuelle ne nous a laissés ni plus satisfaits, ni même plus humains. Saurons-nous l'admettre? Et aspirer à une toute autre libération, mais intérieure celle-là? Une libération qui ne s'attarde pas à changer la quantité ou le succès de nos relations sexuelles mais la qualité de nos relations humaines, qui est la seule garantie d'une sexualité et d'une vie épanouissante.

Que pouvons-nous faire maintenant? Comment résister tant à la propagande libertaire qu'à celle du retour à la morale rigide? En les boycottant toutes deux au profit d'une éthique personnelle et collective tenant compte des valeurs humaines que nous voulons promouvoir, parmi lesquelles prédominent la liberté, le respect et la responsabilité. Avant même de changer nos attitudes et nos comportements en matière de sexualité, c'est notre conception de celle-ci qui doit évoluer. Reconnaissons d'abord que la sexualité ne devrait pas n'être qu'un produit, un service, un défoulement incontrôlable, une drogue, une obligation, un acte de pouvoir ou un substitut à l'amour.

Mais à quoi donc sert la sexualité, objecteront les sceptiques, si ce n'est précisément à fuir, à réinventer ou à contrôler la réalité? Pour peu que nous renoncions aux explications divines et au sempiternel mythe de la sexualité-synonyme-de-reproduction, nous devrions reconnaître que la sexualité humaine n'a pas d'autres finalités que celles que nous lui donnons. En ce sens, notre sexualité peut être une force motrice dans nos vies, mais il n'en reste pas moins que c'est nous qui définissons ce à quoi elle servira, comment et dans quels buts. C'est alors que l'incroyable diversité humaine entre en jeu: pour certains, la sexualité est une façon de se rapprocher de l'être aimé alors que, pour d'autres, elle est l'occasion d'assouvir leur violence ou leur soif de pouvoir. Lesquels obéissent le plus à leur nature? Ni les uns ni les autres. La sexualité en elle-même offre toutes les possibilités; c'est l'éthique personnelle et collective qui l'oriente, que ce soit pour la moduler, la restreindre ou la débrider. La sexualité humaine est davantage constituée par des phantasmes et des actes que par des pulsions: elle passe donc par notre conscience. Nous l'oublions trop souvent.

La frustration affective et sexuelle n'a pas été inventée par les marchands de sexe; ils n'ont fait que l'exploiter et, de ce fait, la perpétuer. Devons-nous pour autant être à la remorque des images, des phantasmes et des rôles que la commercialisation du sexe nous offre? N'y a-t-il donc pas moyen non seulement de résister au sexisme, à la violence et au conformisme mais encore de nous détacher de ces modèles pour vivre autrement? Je le crois, mais le travail à accomplir alors sur nous-mêmes et sur notre environnement s'avère considérable. Développer une sexualité *douce*, en rupture avec les modèles de performance, d'égocentrisme et de pouvoir qui nous sont constamment proposés, est le défi qui nous attend. Car il ne suffit pas de rejeter les fausses libérations: il importe de définir et d'effectuer celle qui nous paraît nécessaire. Et c'est alors que nous sommes confrontés à nos conditionnements, aux limites de notre imagination, aux schèmes culturels ancrés en nous. Changer la sexualité, c'est d'abord nous changer nous-même. Rien n'est plus difficile, car il faut y investir du temps, de la réflexion, du renoncement au passé et du risque pour l'avenir. Changer c'est accepter de vivre une période de transition et d'instabilité, d'abandonner les réflexes habituels, d'expérimenter du différent. Or, cela fait peur et insécurise. Même si, finalement, peu de gens étaient satisfaits de leur sexualité, combien accepteraient d'emblée d'amorcer un difficile processus de changement personnel? *«Un sort malheureux sert de rempart contre un sort plus malheureux encore»*, dit-on.

L'illusion de libération entretenue sous le règne de la révolution sexuelle masque merveilleusement bien son impasse. *«Vous avez plus de sexe, vous devriez être plus heureux»*, voudrait-on nous convaincre. Mais la sexualité fournit-elle vraiment un sens à la vie? Permet-elle d'atteindre l'état de bien-être sans fin auquel, plus ou moins consciemment, nous aspirons tous?

La sexualité ne constitue pas davantage LA solution aux problèmes de l'existence humaine que toute autre activité. Elle fait partie de la vie mais elle n'est pas la vie. Elle fait partie de nous mais elle n'est pas nous, en ce sens qu'elle ne recouvre pas toute notre personnalité. Y faire sa place dans notre vie, ce n'est pas y donner *toute* la place. Nous sommes autre chose que notre sexe, même s'il détermine en partie notre socialisation et notre devenir. La révolution sexuelle nous l'aurait-elle fait oublier? Nous en payons maintenant le prix en termes de désabusement, d'aliénation et de perte de sensibilité. Aussi importe-t-il que nous réapprenions à vibrer, à exercer notre conscience critique et à cultiver notre sensibilité émoussée. Le pouvons-nous encore? Et si oui, comment?

VERS UNE
RÉVOLUTION AFFECTIVE

De nos jours, rien n'est plus facile à obtenir que le sexe, alors que l'amour est encore et toujours difficile à bâtir. Le sexe, on peut rapidement s'en procurer, sur papier, sur pellicule, et même en chair et en os, pour pas cher. L'amour, lui, a besoin de temps et de confiance pour se développer. Le sexe ne remplacera jamais l'amour, pas plus d'ailleurs que l'amour ne peut se subtituer à la sexualité. Bien que la rencontre du désir et de l'amour procure des instants merveilleux et soit parmi les événements les plus euphoriques de l'existence, elle demeure rare, imprévisible et instable. Car le désir est capricieux et fugace. Et l'amour, bien que moins fugitif, évolue aussi avec notre personnalité, notre idéal et notre devenir. Qui nous désirions jadis avec fougue n'est plus que quelconque maintenant. Qui nous aimions passionnément n'est plus qu'une relation parmi tant d'autres ou peut-être même qu'un souvenir. Le temps passe. Il nous emporte, nos désirs et nos amours avec lui. Le temps régit notre vie. Mais dans notre fuite devant l'angoisse et devant la mort, nous avons voulu le battre de vitesse: vivre le plus de choses possibles durant le moins de temps possible, chloroformer notre peur de la vie et de la mort en recherchant l'euphorie sans fin, que ce soit dans la sexualité ou ailleurs (la vogue de la drogue caractérise aussi bien cet état d'esprit).

Vivre une sexualité non assujettie aux modes, à la commercialisation, à la performance ou à la violence, tel est le défi qui nous attend. Il exige non seulement de l'imagination mais de la patience, de la volonté et surtout suffisamment d'amour pour nous-même et les autres.

Plus que jamais en cette époque de dépersonnalisation, il importe que chacun mette ses idéaux en pratique. Un de mes amis me disait: « *Ce que j'ai trouvé de plus difficile avec la pornographie, ce ne fut pas de la critiquer mais d'y renoncer* » . Avoir un système de valeurs cohérent n'est déjà pas facile; être capable de l'affirmer dans sa vie de tous les jours représente une tâche plus ardue encore. Mais avons-nous le choix? A quoi bon adhérer à des valeurs si nous ne sommes pas capables de les appliquer dans nos vies?

Refuser le sexe-consommation c'est, par exemple, cesser de le faire fructifier par l'achat de pornographie ou encore par la fréquentation de bars qui encouragent l'exploitation sexuelle ou la prostitution. Sans acheteurs, le marché du sexe n'existe- rait pas. J'ai trop souvent vu des gens, pourtant lu- cides de ses abus, en être complices. «*Il n'y a rien de mal à aller voir des danseuses ou des danseurs nus*» , m'a-t-on dit. Sans doute, mais lorsque nous acceptons d'être les spectateurs non seulement con- sentants mais payants du sexe-objet, ne l'encoura- geons-nous pas? Plus encore, ne participe-t-on pas, fût-ce passivement, à son entreprise de mystifica- tion, voire d'exploitation? Certes, il n'y a pas que notre responsabilité individuelle impliquée dans l'exploitation du sexe par le sexe. Mais sans sensibi- lisation et sans action à l'échelle individuelle qui puissent ensuite se rattacher à des mouvements plus vastes, rien ne changera.

Freud et Reich prétendaient que la frustra- tion sexuelle conduisait à la névrose. Sans doute avaient-ils raison dans certains cas. Pourtant, ces penseurs qui ont tant influencer notre façon de voir la sexualité se trompaient doublement à ce sujet. D'abord en négligeant le fait que la frustration, qu'elle soit sexuelle ou autre, fait partie intégrante de l'existence: éliminer toute frustration sexuelle est tout simplement impossible. Car nous avons besoin autant de la satisfaction que de la frustration pour vivre. Un être humain sans frustration, sans manque, sans besoin non comblé, serait un être sans désirs, sans motivations vitales donc. Tant que nous vivons nous devons affronter, apprivoiser et canaliser la frustration. Nous ne cessons définitive- ment d'être frustré que le jour de notre mort. Peut- être même est-ce cette dualité entre la satisfaction et la frustration qui anime notre vie, à travers ses espoirs, ses projets et ses apprentissages. Sans frustration, nous serions sans désirs. Et sans désirs, qu'ils soient sexuels ou autres, pour nous motiver, que deviendrions-nous? Une deuxième erreur de Freud et de Reich à propos de la théorie sexuelle des névroses a été de croire que la sexualité recouvrait à elle seule le sens de la vie. Certes, les besoins sexuels représentent une force et un mobile importants pour la majorité d'entre nous, mais ils n'effacent pas d'autres besoins au moins aussi fondamentaux: donner et recevoir de l'affection, se réaliser à travers des activités physiques et psychologiques, trouver un sens à sa vie, par exemple. Comme le faisait remarquer Jung, le besoin de donner du sens à ses actes est probablement plus grand encore que le besoin sexuel. Notre besoin d'organiser en nous-même le monde serait premier, puisque si nous n'interprétons et ne comprenons pas le monde qui nous entoure, nous ne pouvons y fonctionner.

Si la sexualité rend possible la vie (ce qui est cependant déjà moins vrai depuis l'avènement des bébés-éprouvette), elle n'est pas la vie. Aussi nous reste-t-il beaucoup d'autres sources de frustration et de gratification, de déception et d'euphorie, de malheur et de bonheur, de déséquilibre ou de santé mentale. La frustration sexuelle rend névrosé? L'incapacité de faire face à la frustration crée, je le crains, beaucoup plus de dommage encore.

L'ère de la répression amena dans son sillage les *maladies-refoulement;* l'ère de la libération a davantage développé les *maladies-défoulement.* Les gens souffrent moins aujourd'hui de n'avoir pas accès à la sexualité que d'être obnubilés par elle. Aussi, la sexualité ayant revendiqué toute la place, ce n'est pas tant de blocage sexuel que souffrent nos contemporains que de blocage affectif. Ils ont sans doute moins de réels problèmes de performance mais de plus en plus de difficulté à ressentir, outre les sensations physiques, des émotions et des sentiments. La révolution dont nous avons le plus besoin est affective. Mais cette révolution-là est autrement plus exigeante que la précédente... et sûrement moins rentable commercialement. Plus exigeante parce que l'affection exige du temps, de la compréhension, du partage et du renoncement. Moins rentable parce qu'elle ne se vend guère ni ne s'achète. Mais sommes-nous seulement prêts à effectuer cette libération affective?

Faire place à l'affectivité c'est d'abord retrouver le sens des responsabilités qui a déserté le domaine de la sexualité. Si nous ne choisissons guère nos désirs, nous n'en contrôlons pas moins nos actes sexuels. Apprendrons-nous donc à les considérer comme tous nos autres comportements? «*Que m'apporte cette relation sexuelle? Est-elle bénéfique pour moi? L'est-elle aussi pour mon/ma partenaire? Quelles en sont les conséquences possibles? Suis-je en mesure de les assumer?*» Ce sont là autant d'interrogations que la sexualité égocentrique et impersonnelle prônée par la libération sexuelle a laissé de côté. En faisant de la sexualité un loisir, une drogue, un sport ou un commerce, on a oublié qu'elle était avant tout une communication, un moment privilégié d'échange, une façon d'accéder à l'autre dans ce qu'il a de plus intime (son esprit et son corps), bref une relation significative et responsable. Combien de fois n'ai-je pas entendu des abuseurs d'enfants, des partenaires irresponsables, qui abandonnaient allègrement conjoint et enfants pour la première aventure venue, ou encore des clients de la prostitution juvénile affirmer qu'après tout ils ne pouvaient être blâmés ou tenus responsables de leurs actes, puisque leur «nature» commandait d'agir ainsi... et que s'ils faisaient du mal à quelqu'un c'était bien inconsciemment! Il est difficile d'accepter un tel raisonnement lorsque, quotidiennement en contact avec des victimes de ces personnes, on constate avec amertume les dégâts de leur irresponsabilité. Malheureusement, à une époque où la sexualité est réputée faire partie d'une intouchable vie privée et où les appels à la responsabilité individuelle sont généralement perçus comme des discours moralisateurs, sexualité et responsabilité sont loin d'aller de paire. Humaniser la sexualité c'est aussi accepter la nécessité d'une éthique personnelle qui serve à établir ce que nous refusons, ce que nous recherchons et de quelle manière nous comptons y accéder. Cette prise de position morale, qui est d'ailleurs susceptible d'évoluer au cours de notre existence, n'a rien à voir avec les morales extérieures de la loi ou de l'Église par exemple. Elle consiste en un ensemble de décisions effectuées par la personne selon les valeurs qu'elle choisit de vivre. L'élaboration et la mise en pratique d'une éthique personnelle représentent un travail continu sur soi. Peut-être est-ce même l'oeuvre, sinon le défi, d'une vie. Car avec le temps nous découvrons que la vraie libération n'est pas tant dans un débordement de plaisirs que dans la sagesse, qui est la paix de l'esprit et du corps instaurée par la raison.

Avons-nous vraiment cru que la sexualité pouvait procurer l'amour ou même s'y substituer? Il faut maintenant nous rendre à l'évidence: le désir n'est pas l'amour et la sexualité ne comble guère à elle seule nos besoins affectifs. On nous a fait croire que la sexualité libérée mènerait au Nirvana. Mais nous constatons que la sexualité sans affect et sans engagement n'apporte que des satisfactions éphémères, nous obligeant dès lors à une fuite en avant sans fin: toujours plus et davantage pour meubler notre vide existentiel. De plus en plus de gens refusent d'être encore dupes de cette mystification qui assimile le désir et l'amour, la sexualité à l'affection, le bonheur à la quantité d'orgasmes. Prendre le temps d'établir des rapports significatifs et profonds avec les autres, donner le pas à l'affectivité et à la sensualité sur la sexualité-à-tout-prix, faire de la relation sexuelle non pas une nécessité ou une obligation mais une réalisation qui fasse partie, au moment opportun, de la relation amoureuse, voilà ce que nous réapprenons.

Rien de nouveau là-dedans, dira-t-on. N'est-ce pas là tout simplement un retour à la morale traditionnelle et à la pratique puritaine? Je ne le crois pas. Car ce n'est pas la crainte ou l'inhibition face à la sexualité qui dicte aujourd'hui cette réserve mais, au contraire, la reconnaissance de son importance et de sa signification. La sexualité vaut la peine qu'on prenne le temps de l'apprivoiser et de la définir selon nos propres rythmes et besoins. D'ailleurs, n'existe-t-il pas meilleure preuve d'amour que de prendre le temps de créer une véritable intimité avec l'autre, seule démarche qui puisse permettre une réelle communication affective et sexuelle? La nouvelle *sexualité chaste* n'est pas un retour à la pudibonderie ou à la répression mais, au contraire, une redécouverte du rôle que jouent l'amour et la sexualité dans nos existences et un effort pour les vivre plus sereinement. Dans son livre *The Limits of Sex* , la journaliste britannique Celia Haddon a écrit à ce sujet:

> «*Je ne dis pas que nous devons éviter à tout prix la sexualité, mais je pense que nous ne devons pas être grugés, trompés en voyant dans le sexe un remède contre des maux qu'il ne peut guérir. La sexualité n'est pas toujours un amusement sans danger et sans fâcheuse conséquence (...) . J'ai passé les trois dernières années de ma vie dans une abstinence quasi totale. Après avoir été trop souvent traitée comme un morceau de viande, avoir aimé une fois de trop, autant d'épreuves qui me conduisirent à refuser de coucher avec une personne que je n'aimais pas. (...) Si je couchais avec une personne qui m'était indifférente, je me haïssait. Si une personne qui ne m'aimait pas essayait de coucher avec moi, je la haïssais. En fin de compte, l'abstinence était ce qu'il y avait de mieux*» [1].

---

(1) C. Haddon, *La véritable harmonie sexuelle du couple* , (traduction française – il faut le savoir – de *The Limits of Sex*), J.C. Lattès, 1984, p. 148.

Nous découvrons ainsi que la chasteté n'est pas la pire des tortures lorsqu'elle est choisie et assumée (après tout, beaucoup de religieux et de religieuses ont fait de même sans sombrer dans la folie!). Elle est même, sans aucun doute, plus confortable que l'obligation d'avoir de la sexualité. Le vécu d'un certain nombre de jeunes ayant fait de la prostitution que j'ai eu l'occasion d'aider le confirme d'ailleurs. Une fois leurs activités prostitutives arrêtées, ils ressentaient le besoin d'une période d'inactivité sexuelle. Question de se regénérer et de faire le point. Pour certains, cela dura quelques mois et pour d'autres bien davantage, mais presque toujours sans impatience de leur part.

Le couple permanent comme valeur et comme modèle absolu a été tellement remis en question qu'on peut se demander s'il existera encore demain. De moins en moins de gens envisagent mener leur existence adulte au côté d'un seul et même partenaire. Il est vrai que l'exclusivité forcée n'a guère réussi à nos prédécesseurs et que, sous les assauts de l'infidélité, de la jalousie et de la possessivité, le couple traditionnel s'est effondré de lui-même. De plus, ce modèle correspond vraisemblablement de moins en moins aux modes de vie actuels. A une époque où la mobilité et la polyvalence sont tant valorisées dans la vie professionnelle et sociale, la permanence du couple semble être un héritage désuet que rien ne permet plus de soutenir. Pourtant, plus que jamais dans un monde en mutation rapide, nous avons encore besoin de stabilité émotive et de support affectif inconditionnel que seul un partenaire avec lequel nous avons établi suffisamment de compréhension et de complicité peut nous donner. Nous avons besoin de projets d'avenir à partager. Nous avons besoin de retrouver la paix auprès de quelqu'un qui nous aime. Et pour arriver à vivre cela avec quelqu'un, il faut y consentir beaucoup de temps. Certes, la permanence amoureuse est sans doute une utopie, mais ce n'est pas une raison pour abandonner l'idée même d'engagement amoureux. Ce que nous n'avons su apprécier chez un partenaire, nous ne le trouverons pas davantage, loin de là, chez une multitude de partenaires. On ne remplace pas la qualité relationnelle par la quantité des partenaires ou des rapports sexuels. Au contraire, le détachement, voire l'insensibilisation nécessaires pour aller allègrement d'un partenaire à l'autre, sans engagement ni attache, viennent à se retourner contre soi-même. Le jour où la personne souhaite vraiment ressentir quelque chose de plus, elle s'aperçoit qu'elle n'en est peut-être plus capable. Nous ne pouvons émousser notre sensibilité qu'en en payant le prix, qui est la perte de notre capacité de ressentir et d'apprécier les choses, les émotions et les personnes. A nous de choisir.

Ceci m'amène à parler du danger que représente l'utilisation du pouvoir et de la violence dans la sexualité. Là aussi, nous avons des choix non équivoques à faire. A l'évidence, le pouvoir et la violence font partie de nos vies, mais est-ce une raison pour en faire le pivot de nos sexualités? La séduction, il est vrai, est sans doute en elle-même une forme de pouvoir. Pas surprenant que ceux qui l'utilisent davantage, les femmes et les plus jeunes, soient celles et ceux qui disposent le moins d'autres formes de pouvoir! Néanmoins, il n'y a pas de commune mesure entre le jeu de la séduction et le recours au chantage, à l'avilissement, à la domination, à la force ou à la violence pour satisfaire ses désirs sexuels. La sexualité qui en résulte ne devient-elle pas elle-même prisonnière des moyens mis en oeuvre pour l'obtenir? Le recours au pouvoir et à la violence est souvent la conséquence d'une sensibilité émoussée à la recherche d'émotions fortes ou d'une sexualité mal assumée où prédominent des sentiments de peur, de culpabilité ou de sadisme, par exemple. Mais, plus encore, ce recours est le reflet d'une culture qui a donné au pouvoir et à la violence une place de choix. Pas surprenant qu'on les retrouve dès lors dans la vie intime. La fascination qu'exercent pouvoir et violence ne trouvera sa limite que dans notre détermination à les contrecarrer. En refusant le pouvoir-pour-le-pouvoir et la violence dans nos vies intimes, nous refusons leurs logiques et leurs stratégies. Nous refusons surtout de sacrifier notre humanité aux illusions dangereuses et aux satisfactions dérisoires qu'elle procurent. Il me revient en tête, à ce sujet, une éloquente caricature de Reiser où devant des cinémas bondés affichant de la pornographie hyper-violente quelques marcheurs manifestent contre la torture dans un lointain pays... Si nous sommes vraiment contre les abus de pouvoir et contre la violence, expulsons-les de notre vie privée! Il s'agit peut-être là d'une libération aux conséquences insoupçonnées.

En somme, il n'y a pas de libération sexuelle possible sans révolution culturelle ou sociale équivalente. Là-dessus, je suis parfaitement d'accord avec ce que Reich écrivait à l'aurore de la première révolution sexuelle. Mais cette révolution-là, nous constatons aujourd'hui qu'elle n'a été qu'un leurre. Elle a ressemblé davantage à un défoulement qu'à une libération et plus encore à une entreprise de commercialisation qu'à une révolution. Mais notre sexualité a changé et nous aussi. Nous ne pouvons retourner en arrière - ce qui, de toute façon, ne serait pas souhaitable - ni continuer de nous mentir à propos d'une libération dont nous constatons chaque jour les illusions, les mystifications, les limites et les abus. Reste donc à explorer et à expérimenter d'autres avenues, banalisées par le respect et la liberté, qui sont les seuls garants de notre intégrité humaine. La libération sexuelle reste à faire. Mais à partir de ce que nous avons de meilleur.

TENDRESSES

Désillusionnés par les promesses non tenues et les abus de la révolution sexuelle, de plus en plus de gens redécouvrent les vertus de la tendresse et même de la tempérance sexuelle. «*N'est-ce pas là un retour en arrière?*» , s'interrogent certains. Je ne le crois pas. Car, contrairement à l'abstinence sexuelle exigée dans le passé par la morale religieuse, par exemple, cette continence est volontaire. Aussi, elle est moins vécue comme une privation que comme une régulation de la sexualité au profit de la tendresse. Les amoureux de l'après révolution sexuelle réapprennent à apprivoiser le temps, le désir et l'amour. Conscients que ce n'est pas tant de sexe que d'amour dont ils ont été privés, c'est à ce dernier qu'ils sacrifient désormais. Un témoignage recueilli par Yan de Kerorguen dans son enquête sur le «plaisir chaste» illustre bien cette tendance:

«*Ce qui est manifeste, c'est le refus de l'aventure sans lendemain; on préfère s'abstenir. Il y a une sorte de fatigue du sexe qui est devenu un jouet usé. Coucher n'est plus l'ambition première, alors que dans les années 60-70 c'était un but. Le but a été marqué (...). Le repos du sexe n'est pas d'ordre puritain. Je crois qu'il est très lucide. On veut se reconnaître plus, non seulement en profondeur mais aussi en extérieur. La new celebacy est une lucidité sur les inconvénients et les avantages du sexe»* [1].

Nous nous rendons maintenant compte que la révolution sexuelle n'a pas eu que des conséquences sexuelles. Elle a fortement marqué la psychologie et la dynamique des individus et modifié leurs relations et leurs interactions avec autrui. Sans compter les répercussions ressenties au niveau du couple, de la famille, de la culture et même de l'économie et de la politique. La sexualité a, plus que jamais, fait irruption dans le domaine public. Pour le meilleur et pour le pire. Pour le meilleur parce que la sexualité est devenue l'objet de débats éthiques et politiques qui nous incitent à réfléchir et à prendre positition; pour le pire parce qu'elle est devenue objet de commercialisation et de démagogie.

Ce sont précisément des effets de cette commercialisation et de cette démagogie dont nous cherchons aujourd'hui à nous débarrasser. Retrou-

---

(1) Y. de Kerorguen, *Le plaisir chaste*, éd. Autrement, 1984, p. 101.

ver dans la sexualité autre chose que la performance ou l'étourdissement, quelque chose qui ressemble à la tendresse, à la chaleur, à de l'affection partagée. La sexualité sans amour? Pas pour moi, merci!

Ce retour à une sexualité plus sage et cette redécouverte de l'engagement émotif se manifestent de diverses façons. J'ai parlé précédemment de certains mouvements et courants sociaux qui ont encouragé cette orientation, je voudrais maintenant illustrer concrètement, à partir de quelques témoignages, comment elle est vécue dans le quotidien.

Lucie, jeune professionnelle, fin de la vingtaine, se considérait comme tout à fait libérée. Entre les aventures d'un soir et le couple exclusif, elle avait trouvé un compromis: être la maîtresse de quelques hommes qu'elle rencontrait régulièrement. Aujourd'hui, elle déchante. «*Je ne veux plus être la maîtresse de service*» , dit-elle, «*mais quelqu'un qui compte vraiment. Plutôt que de me contenter de relations sexuelles furtives et de promesses sans lendemain, je préfère pour l'instant ne rien vivre du tout. Je découvre que je peux très bien me passer de ce type de partenaires et, en attendant de pouvoir vivre autre chose avec quelqu'un qui s'engage vraiment, j'apprends à m'occuper de moi-même. J'en ai bien besoin*». Il faut dire que, côté santé, Lucie n'a pas été gâtée. «*Il y a quelques années, j'ai eu une infection due à la chlamydia. Je me suis fais soigner, mais le problème est revenu à quelques reprises par la suite. Était-ce que les gars, porteurs asymptômatiques, me la retransmettaient? C'est fort probable. A la fin, j'étais tellement craintive que j'ai insisté pour que mon nouveau partenaire passe un test de dépistage avant d'avoir une première relation sexuelle complète. Bien sûr, ma demande le scandalisa: porteur de M.T.S., lui? Pas possible! Il se considérait au-dessus de tout ça! Et bien le fait est qu'il était aussi porteur de la chlamydia! Il n'en croyait pas ses oreilles, mais moi je ne regrettais pas d'avoir exigé cette petite vérification...».*

Comment Lucie vit-elle son abstinence provisoire? *«Cela ne fait que quelques mois et je n'ai aucune idée combien de temps ça durera ainsi. Curieusement, ça ne m'inquiète pas trop. C'est comme si après m'être envoyée en l'air je me disais: bon, il était temps de retomber sur terre. J'y vois surtout une occasion de remettre en ordre des choses dans ma tête et dans ma vie. Je souhaite au moins que mon avenir amoureux soit différent de mon passé».*

Pierre est issu d'une famille éclatée. Laissé à lui-même dès le début de l'adolescence, il s'est alors tourné vers la prostitution pour trouver l'affection et l'argent qui lui manquaient. Quelques années plus tard, il se retrouve totalement désabusé de ce milieu, sans compter qu'il y a développé un sérieux problème de drogue. Il rencontre alors une fille de son âge et investit beaucoup dans cette relation. Mais là aussi, il se considère déçu après quelques mois. *«Dans la prostitution, j'essayais de trouver des gens qui me donnent de l'attention et de l'affection et qui m'aident aussi à survivre matériellement. Au début, j'avais l'impression que c'était moi qui profitais le plus de la situation en extor-*

quant du temps et de l'argent. Mais je me suis ensuite aperçu que c'était moi qui était abusé dans tout ça: ces gens-là ne m'aimaient pas vraiment. Je réalisais de plus en plus que j'étais surtout un objet sexuel pour eux. C'est difficile d'accepter d'être considéré en objet. Un jour, je me suis dit: c'est assez! Et j'ai tourné la page».

«Peu de temps après, j'ai rencontré une fille qui m'intéressait. Mais encore là, je me suis peu à peu rendu compte que notre relation reposait principalement sur l'aspect sexuel. M'aimait-elle pour moi-même ou pour le sexe que je lui donnais? Notre seule activité commune, ou presque, c'était de baiser. Je me suis dit que ce n'était pas ce que je voulais vivre, pas plus avec une fille qu'avec un homme. Aujourd'hui, je vis seulement de l'amitié avec les gens. A défaut de pouvoir vivre la sexualité et l'affection simultanément, j'ai pour l'instant choisi la seconde. Je ne dis pas que je n'ai pas le goût d'avoir des relations sexuelles des fois! Mais je ne veux pas revivre les déceptions passées. Je préfère encore attendre. Attendre quoi? Je ne le sais pas tout à fait. Je ne sais même pas si je serais plus heureux avec une femme ou avec un homme... Mais j'ai choisi de prendre désormais le temps de recevoir et de donner de l'affection... Et j'ai besoin que cette affection-là exclue pour le moment le sexe».

Secrétaire de 35 ans, divorcée deux fois, Lise confie qu'elle est déçue du comportement des hommes. «Je ne sais pas ce qu'ils ont à s'en faire autant pour la bonne position, la bonne performance et la bonne éjaculation au bon moment, mais moi ça me dérange... *Parfois je les trouve tout simplement ridicules»* . Elle ajoute: *«Depuis quelques mois, j'ai un nouvel ami qui précisément m'attirait pour sa fraîcheur et sa naïveté. Mais côté sexuel, c'est la catastrophe: il a tellement peur de ne pas être à la hauteur - hauteur de quoi, je me le demande! - qu'à chaque relation sexuelle c'est comme s'il affrontait un grand stress. Comme on peut l'imaginer, le résultat est à l'avenant. Moi ça ne me dérange pas que nous prenions tout le temps nécessaire pour nous apprivoiser. D'ailleurs les préliminaires à l'acte sexuel, j'ai toujours adoré ça. Rien de mal à ce qu'on les prolonge et même à ce qu'on s'en contente, des fois. Je commence peut-être à le convaincre, mais ce n'est pas facile de lui faire abandonner ses idées toutes faites sur ce qu'est une relation sexuelle satisfaisante»* . Lise, qui a un sens de l'humour assez spécial, reste philosophe. *«Je me dis parfois que le plus agréable c'étaient encore nos relations d'adolescence. On avait hâte de faire quelque chose, mais en même temps, surtout à l'époque, il ne fallait pas trop se presser. On était timide mais c'était ça l'excitant»* .

Ouvrier spécialisé, Charles vient d'avoir cinquante ans. Il se raconte: *«Après vingt ans avec la même femme, j'ai eu le goût de vivre autre chose. Je ne dis pas que je n'avais jamais eu d'aventures mais rien de sérieux en tout cas. Mais cette fois-là, j'avais rencontré une jeune veuve avec laquelle tous les projets semblaient permis. C'est un peu comme si je redevenais moi aussi plus jeune. Nos projets se confirmaient, c'était décidé: je partais avec elle. Mais presque à la dernière minute, je me mis à réfléchir plus sérieusement. J'avais à choisir entre l'aventure et la nouveauté d'un côté et la stabilité confortable mais sans surprise de l'autre. J'ai choisi de ne pas courir le risque de perdre ce que j'avais déjà acquis avec ma conjointe. L'affection, la profonde amitié qui nous unit et la compréhension que nous avons mis des années à bâtir m'apparaissaient plus précieuses que l'attrait et l'emportement de la nouveauté. Le regretterai-je un jour? Je ne le pense pas. Même si je sais qu'une occasion semblable ne se reproduira peut-être pas dans ma vie, je pense avoir fait le bon choix en optant pour la relation peut-être pas la plus excitante mais la plus solide. J'ai découvert que j'étais encore amoureux de ma femme, mais pas comme j'avais tendance à m'imaginer l'amour. Nous savons que nous sommes bien ensemble, même si nous sommes plus sages qu'au début de notre relation. Il est évident que cet épisode de notre vie de couple où j'ai failli partir nous a ébranlés, mais cela nous a aussi fait réfléchir. Je crois que nous en avons tiré de bonnes leçons. Pour ma part, je sais maintenant qu'entre la passion sexuelle et l'amour tranquille mais solide, c'est celui-ci qui me convient le mieux»* .

Quatre témoignages, quatre points de vue différents mais convergents. Je n'ai pas voulu les proposer en modèles mais donner la parole à ceux et celles qui, souvent sans s'en rendre compte, remettent en question les mythes et les règles de la révolution sexuelle. A dessein, j'ai choisi des personnes qui n'étaient pas des militants d'une cause ou d'une autre et dont les questionnements provenaient de leurs expériences de vie davantage que de leur cheminement intellectuel ou idéologique. Car, contrairement à ce que l'on croit généralement, le développement d'alternatives se fait silencieusement par des gens qui n'ont souvent rien d'autre d'extraordinaire que leur détermination à vivre différemment des préceptes qu'on leur a inculqués. Lucie refuse le rôle de femme-maîtresse dans lequel elle s'est toujours retrouvée perdante; Pierre se rebelle contre des relations interpersonnelle qui ne sont basées que sur le sexe; Lise rejette les critères masculins du plaisir et de la performance; Charles remet en question la passion sexuelle comme summum de l'expérience de vie. Surtout, tous les quatre questionnent la libération sexuelle tous azimuts censée être garante du plaisir et du bonheur. Ailleurs et autrement, ils sont partis à la recherche de l'invitée absente au banquet de la révolution sexuelle: la tendresse.

POUR UN
CHANGEMENT COLLECTIF

Comme nous l'avons vu tout au long de la seconde partie de ce livre, les alternatives à la fausse libération sexuelle proviennent à la fois d'un désenchantement individuel face à la révolution sexuelle et des remises en question provoquées par divers mouvements sociaux contestataires, qu'il s'agisse du féminisme ou de la nouvelle gauche, des cultures alternatives ou de la critique sociale. Cette constatation en appelle une autre: si tout changement social origine du travail et l'engagement d'individus, il prend toute sa force et son ampleur dans l'action collective. C'est pourquoi, si conscientisés et si motivés au changement puissions-nous être comme individus, nous avons besoin de conditions sociales, économiques et politiques qui permettent de réaliser pleinement la révolution affective. La volonté d'intégrer plus harmonieusement vie affective, vie sexuelle et vie sociale demeure une décision individuelle, mais les possibles de cette intégration sont définis par les orientations et les organisations collectives. Cet aspect de la réalité ne doit pas

245

être négligé puisqu'il est central.

Les relations complexes et dynamiques qui existent entre affectivité, sexualité, morale, culture, organisation sociale et économique, ne commencent qu'à être étudiées [1]. Petit à petit émerge l'idée que la sexualité, outre qu'elle puisse remplir des fonctions biologiques, physiologiques et psychologiques, est un *enjeu social*, puisqu'elle résulte d'interactions. Aussi, notre sexualité ne prend-elle toute sa signification que dans la trame de la vie sociale. Et c'est dans ce creuset que s'élabore la sexualité d'aujourd'hui et de demain.

La question est simple mais primordiale: pour peu que nous croyions en l'influence de notre environnement social dans le développement de notre personnalité et de notre sexualité, n'importe-t-il pas de modeler cet environnement selon nos aspirations les plus profondes? N'est-il pas nécessaire de transcender la seule dimension personnelle du changement pour rejoindre sa dimension collective? Changer nos vécus affectifs, amoureux et sexuels exige en effet que nous transformions non

---

(1) L'école de pensée appelée l'interactionnisme symbolique a particulièrement développé cette perspective (laquelle je me propose d'ailleurs d'approfondir dans un ouvrage ultérieur). Citons notamment: *Sexual Conduct*, J. Gagnon et W. Simon, Aldine, 1973, *Human Sexual Relations*, M. Brake, Penguin Books, 1982, *Sexuality and its Discontents*, J. Weeks, Routledge & Kegan, 1985.

seulement nos idées et nos attitudes, mais aussi les conditions dans lesquelles se développent l'affection, l'amour et la sexualité. Puisque nos conditions sociales, économiques et politiques influencent et conditionnent tous nos rapports, y compris nos rapports amoureux et sexuels, elles ne sauraient être laissées de côté dans nos stratégies de changement. Au contraire, nos conditions de vie doivent être présentes au coeur même de nos préoccupations et de nos revendications. Voyons ce que cela signifie.

La question des droits et des libertés est revenue à quelques reprises au cours de ce livre. Certes, elle n'est pas nouvelle, ni très originale. Pour certains, la société égalitaire serait une utopie alors que, pour d'autres, elle se révélerait plutôt une tragédie (ce que plusieurs régimes politiques, prétendument égalitaristes, de droite ou de gauche, n'ont guère contribué à infirmer). Et encore: comment ne pas constater que l'égalité sociale, depuis longtemps prônée mais si mal actualisée, n'a le plus souvent concerné que les hommes? Que les femmes et les jeunes aient parité avec les hommes en termes de droits, de libertés et surtout de pouvoirs est une préoccupation relativement récente [2]. En quoi cela concerne-t-il la révolution sexuelle? Ceci nous rappelle tout simplement que

---

(2) Les remarques audacieuses d'Elisabeth Badinter dans son livre *L'un est l'autre*, éd. Odile Jacob, 1986, sont à ce titre intéressantes.

les rapports de type dominant/dominé ont été peu propices au développement du respect, de la tendresse et de l'amour partagé.

Tant et aussi longtemps que les humains ne partageront pas les droits, les libertés et les pouvoirs de façon à ce que le sexe et même l'âge, sans compter les statuts qui en découlent, ne soient plus sources de disqualification et de domination, leurs rapports resteront profondément marqués par l'injustice, l'abus et la violence. Par exemple, les abus sexuels contre les jeunes demeureront vraisemblablement aussi nombreux et impunis qu'ils le sont actuellement tant que la parole d'un enfant sera moins crédible que celle d'un adulte, tant que les jeunes seront considérés comme des *sous-adultes*, tant que l'éducation sexuelle demeurera taboue ou négligée et que les *mineurs* n'auront pas assez de pouvoir comme citoyens pour influer sur les gouvernements. Sans une percée significative des jeunes au niveau de leurs droits et de leurs pouvoirs, je ne crois pas que les rapports de force entre adultes et jeunes évoluent beaucoup. Aussi, ces derniers continueront d'être trop souvent victimisés par des adultes exploiteurs, avilissants ou violents qui, dans la sexualité comme ailleurs suivent la loi du plus fort. La prostitution des jeunes et l'abus sexuel des enfants vous émeuvent? Procurez des emplois aux premiers, des recours sans préjudice et un toit aux seconds. Malheureusement, lorsque le statut de sujets à part entière est refusé aux jeunes, faut-il se surprendre qu'ils se résignent, pour survivre, au statut d'objets?

248

La situation des femmes, bien qu'elle ait indéniablement évoluée au cours des dernières décennies, n'est pas non plus très reluisante. Certes, les femmes ont acquis droit de cité, mais le retard qu'elles doivent collectivement rattraper est considérable. Même leur faculté d'enfanter demeure encore un handicap dans un monde du travail où compétition, performance et plan de carrière riment toujours au masculin. La répartition des emplois et leur rémunération où, malgré un certain rattrapage, les femmes sont encore largement déficitaires, fournit un autre exemple du difficile relèvement de l'état d'infériorité sociale qu'elles ont subi. Enfin, la nature même du pouvoir politique et de son exercice cadre mal avec les aspirations féministes. Alors que le pouvoir masculin a été jusqu'ici synonyme de subordination d'autrui, ce que les femmes ont surtout revendiqué c'est, au contraire, le contrôle sur leur propre vie. Or, le pouvoir traditionnel, axé sur le contrôle d'autrui, est l'antithèse du pouvoir sur soi.

Comme l'a récemment suggéré l'auteure féministe Marylin French [3], il est grand temps que le *pouvoir de* remplace le *pouvoir sur*. Le pouvoir de créer des relations de coopération avec autrui ou d'explorer des modes de vie plus harmonieux avec nous-même et la nature n'est-il pas préférable au pouvoir d'exercer sur les autres notre autorité? Si la créativité est soeur de la liberté, alors le pouvoir

---

(3) French, Marylin, *Beyond Power*, Summit Books, 1985.

créatif doit se substituer au pouvoir autoritaire. Tout exercice du pouvoir qui n'induise pas d'emblée davantage de pouvoir créateur pour chacun et chacune sur sa propre existence, ceci tant dans ses dimensions privées que collectives, nous dessert. Qu'on pense, par exemple, au pouvoir de la femme de décider de sa maternité ou à la possibilité pour l'homme d'expérimenter autre chose que la même sexualité que son père.

La liberté n'est pas absence de contraintes, elle est pouvoir de contrôler sa propre existence en dépit des limites que comporte toute vie en société. Tant que cette liberté-là ne sera pas reconnue aux jeunes, aux femmes et à un plus grand nombre d'hommes, ses entraves blesseront nos sexualités comme elles étrangleront nos amours.

Il apparaît cependant difficile de transformer les rapports de pouvoir dans notre société si les rapports économiques, qui souvent les fondent, ne changent pas eux aussi. A l'instar de Reich, certains ne manqueront pas de s'interroger: *la vraie libération sexuelle est-elle seulement possible en système dit capitaliste?* Je ne saurais répondre à cette question. Je sais toutefois que les régimes communistes que nous connaissons n'ont guère été plus *libérateurs* de ce point de vue. Au contraire, si l'on considère l'URSS, Cuba ou la Chine, par exemple. Aussi, tout en appelant un partage plus équitable des richesses matérielles et une gestion égalitariste des ressources disponibles, je me rangerais au côté de l'ethnologue Ernest Borneman, qui déclare:

«La situation économique ne constitue pas exclusivement une cause et le comportement sexuel un effet passif, les deux sont interdépendants. L'initiative et la volonté humaine jouent dans cette dialectique un rôle considérable» [4].

La nécessité de rompre les rôles socio-sexuels traditionnels et les identités stéréotypées qui en résultent n'est pas, non plus, une idée neuve. Cependant, il apparaît clairement que la tyrannie exercée sur les hommes et sur les femmes par les normes masculines et féminines, loin de les aider à mieux s'assumer, leur porte préjudice. Il n'est pas loin le temps où nous apprenions que *«l'homme, à cause de son pénis pointé vers l'avant, aurait un tempérament conquérant, voire agressif, alors que la femme, compte tenu de son vagin orienté vers l'intérieur d'elle-même posséderait une nature réceptive et soumise!»* Eût-il été plus réaliste de penser que l'homme, en raison de son pénis dirigé vers le bas, demeure plutôt terre-à-terre, alors que la femme, toujours en raison de son anatomie, s'avérerait plus ouverte au monde et à la vie? [5]. Comme on le voit, les métaphores et les prédictions faites à partir de la physiologie humaine donnent de piètres résultats en ce qui concerne la psychologie des hommes et des femmes. Par ailleurs, comment ne

---

(4) E. Borneman, *Le patriarcat*, PUF/Perspectives critiques, 1979.
(5) Je dois l'idée exprimée ici à Michel Lemay.

pas constater combien les aphorismes scientifiques ou moraux prescrivant ce que doit être un homme ou une femme ont davantage servi à justifier et préserver l'ordre établi qu'à comprendre véritablement nature et culture humaines.

Quelques remarques à propos des dualismes masculin/féminin et nature/culture s'imposent. La nature nous fournit un contenant (notre organisme physique, par exemple) et la culture un contenu (ce que nous pouvons faire avec cet organisme: par exemple, travailler, nous amuser, et de quelles façons). Certes, la culture peut aussi influencer notre *contenant* corporel: nos conditions de vie marquent sensiblement notre développement physique et notre santé. A l'inverse, toutes les opportunités d'actions que nous apporte la culture rencontrent souvent les limites de nos capacités physiologiques, lesquelles sont restreintes dans l'espace et dans le temps. De tout ceci, deux conclusions ressortent. Primo, si l'homme et la femme ont par définition des physiologies différentes, ces différences ne présument guère des usages (culturels) qu'ils font de leur physiologie respective. Illustration: les performances sportives des femmes, longtemps tenues éloignées de ce type d'activités, se rapprochent graduellement des plus hautes performances masculines [6] . Secundo, il existe à

---

(6) On consultera à cet effet *Amazones, guerrières et gaillardes* , Pierre Samuel, éd. Complexe/Presses universitaires de Grenoble, 1975 (en particulier le chapitre XI).

l'intérieur même de la catégorie *hommes* et de la catégorie *femmes* tellement de différences, d'écarts, de variations et de dissemblances qu'il semble bien présomptueux d'en faire des groupes homogènes. A la limite, je dirais que l'Homme (avec un grand H) et la Femme (avec un grand F) ça n'existe pas: il y a uniquement des humains sexués, présentant entre eux une diversité quasi infinie. Aussi, vouloir identifier et par la suite limiter hommes, femmes et enfants selon leur sexe biologique est extrêmement simpliste et réducteur. De plus, comment ne pas reconnaître que la rigidité des rôles masculins et féminins est plus que jamais anachronique dans une société où l'égalité entre les sexes est revendiquée sur tous les plans (éducation, contraception, travail, etc.) et où l'androgynie devient quasi une réalité (unisexisme vestimentaire, rétrécissement des différences de performances physiques entre hommes et femmes, etc.).

Faire éclater les stéréotypes, les rôles rigides et même les pseudo-identités qui rapetissent notre potentiel humain, tant au plan affectif que sexuel, c'est admettre la diversité qui, de fait, caractérise la *nature humaine* . La culture, qui pendant longtemps nous a emprisonnés dans des attitudes et des rôles pétrifiés, doit maintenant nous servir à nous libérer de ces entraves. Déjà, bien que timidement, les sources de créativité que sont le cinéma, la chanson et même la télévision et la publicité commencent à nous proposer des modèles alternatifs. Des femmes qui s'affirment, des hommes sensibles et même fragiles, des jeunes qui cherchent leur propre voie, nous en voyons désormais ça et là. Ne faudrait-il pas multiplier ces images et plus encore les scénarios de vie possibles qui s'offrent à nous en dehors des modèles dominants trop souvent oppressifs? Ceci afin que la culture devienne de plus en plus créatrice, imaginative et humainement novatrice, de façon à ce que le supposé féminin et le supposé masculin, la force et la vulnérabilité, la rationalité et l'émotivité, fassent désormais partie du potentiel dans lequel chaque personne puisse puiser selon ses sentiments, ses aptitudes et ses besoins. En nous contraignant moins à être des hommes ou des femmes, peut-être deviendrons-nous plus humains. Ainsi, sans doute l'amour sera plus authentique et la sexualité moins piégée.

Qu'il s'agisse du problème du pouvoir ou de celui des stéréotypes, une chose reste claire: la vie privée est le reflet de décisions publiques et politiques. En ce sens, l'affectivité et la sexualité ne seront débarrassées du mercantilisme, de l'exploitation et de la violence que lorsque suffisamment de gens refuseront d'être enfermés dans la logique de la fausse libération sexuelle. La revendication du droit de vivre une affectivité et une sexualité qui ne subissent pas les assauts des marchands et des prosélytes du sexe ne fait peut-être que commencer. Une nouvelle forme d'écologie voit le jour: l'écologie de l'esprit en lutte contre la pollution et l'empoisonnement de l'existence par le sexisme, la chosification, la misogynie, la violence, etc.

Se pose ici la question de la censure. On a dit à ce sujet que la liberté d'expression était sacrée. Soit, mais l'intégrité physique et psychologique d'autrui est plus fondamentale encore. La censure est détestable et forcément arbitraire; elle ne devrait être utilisée qu'avec très grande circonspection. Cependant là où le spectacle d'enfants, de femmes ou d'hommes réellement dégradés, avilis ou violentés est présenté comme naturel et plaisant, il est légitime que la collectivité veuille intervenir. A moins, évidemment, que nous n'acceptions ces traitements ou que nous en estimions la représentation... Comme on le voit, l'épineux problème de la censure n'est pas seulement une affaire de liberté mais une question de choix de société. C'est pourquoi elle se pose et se posera toujours à nous. Entre la tolérance de mise dans une société pluraliste et l'affirmation de nos valeurs humaines, un équilibre doit être trouvé. Concilier la liberté individuelle, garante des sociétés démocratiques, et le respect d'autrui sans lequel la vie collective est un cauchemar, voilà un défi sans cesse à relever.

Arrivés à la fin de ce chapitre, plusieurs ne manqueront pas de s'interroger: comment le nécessaire passage du changement individuel au changement collectif, dont j'ai esquissé ici quelques orientations, peut-il se faire?

Les groupes d'entraide fournissent un bon modèle de la continuité entre cheminement individuel et démarche communautaire. Groupes de personnes dépendantes, groupes d'abuseurs, groupes d'abusés, groupes d'hommes violents, groupes de jeunes prostitués, groupes de personnes divorcées ou monoparentales, ce ne sont là que quelques cas d'un phénomène en pleine expansion. La famille nucléaire éclatée ne procurant plus le support moral et les modèles dont nous avons besoin, les groupes de pairs jouent de plus en plus ce rôle. Ainsi, des groupes d'entraide se structurent à partir de problèmes difficiles, sinon impossibles à régler seul. Ces groupes ne font pas que supporter et conseiller leurs membres. En conscientisant la personne aux dimensions extra-individuelles, voire collectives, des problèmes qu'elle expérimente, le groupe est susceptible de la mobiliser à des initiatives communautaires qui auront un impact non pas uniquement sur la résolution individuelle de ces problèmes mais sur leur dénouement social. Bien qu'extrêmement divers et bigarrés, les groupes d'entraide, qui n'ont cessé de se multiplier au cours des dernières années, portent des germes de changements individuels et collectifs dont nous n'imaginons vraisemblablement pas encore l'ampleur future.

Si nous n'adhérons pas nécessairement tous à des groupes d'entraide, l'amitié, qui demeure encore la forme d'entraide la plus naturelle, est à notre portée. Pourtant, nombre d'entre nous la mettons de côté ou la négligeons. L'amitié a souvent été perçue comme le parent pauvre de l'amour. Pourtant, ne ressemble-t-elle pas étrangement à l'amour, l'emportement du désir en moins? Le sociologue Francesco Alberoni [7] a écrit que l'amour était une *révolution à deux.* Sans doute. Pourtant

---

(7) F. Alberoni, *Le choc amoureux* , Ramsay, 1980.

les vraies révolutions culturelles, sociales ou politiques n'ont guère été faites par des amoureux occupés à cultiver leur relation mais par des amis ayant un idéal commun. L'amitié qui nous relie à nos semblables et les idéaux que nous partageons avec eux ont constitué de tous temps un tremplin pour un avenir meilleur. La solidarité reste encore aujourd'hui notre outil le plus puissant.

Une fois conscients des racines tant individuelles que collectives de leurs difficultés, rattachés aux autres et solidaires de causes communes, amis ou entraidants bâtissent des projets ensemble. Les désillusions politiques de la dernière décade nous ont amenés à percevoir qu'il n'y a - fort heureusement! - pas que la fondation de partis politiques qui change les choses. Education populaire, création de ressources alternatives, groupes de pression, diffusion de modèles d'hommes et de femmes différents, ce ne sont là que quelques exemples d'actions concrètes destinées à transformer collectivement la société à partir du quotidien. Malencontreusement, en ces temps de rentabilité économique à tout prix, les sentiments et les projets humains ne pèsent pas lourd dans la balance. Sera-t-il un jour nécessaire de prouver que l'affection est rentable.

Quoiqu'il en soit, la question du changement personnel et collectif paraît moins ambitieuse à résoudre lorsque nous réalisons combien l'alternative sommeille déjà en nous dès que nous en ressentons le besoin et combien nous sommes rarement aussi seul que nous le croyons à vouloir vivre autrement. Reste à faire les liens nécessaires en nous-même et avec les autres.

ÉPILOGUE

On ne remplace pas l'amour par le sexe. Comme l'illustre magnifiquement le film de Denis Arcand *Le déclin de l'empire américain* , la dissociation entre l'amour et la sexualité est souvent source de malaises, de frustrations, de désillusions et de meurtrissures profondes pour soi-même et pour autrui. La révolution sexuelle nous a légué une bien curieuse amertume...

Lorsque la sexualité sera davantage un facteur d'humanité qu'une fuite, une compulsion, une drogue, un commerce ou un outil de pouvoir, nous saurons qu'une véritable révolution est peut-être en cours. Vivons-nous présentement la période de transition qui nous mènera à cette libération? Il faut l'espérer. Cependant, les forces semblent inégalement réparties; celles qui favorisent l'inertie ou même un retour en arrière demeurent considérables. Il appartient conséquemment à chacun d'entre nous de promouvoir et d'initier les changements qu'il juge nécessaires. Seul produira l'alternative un nouvel équilibre entre les hommes et les femmes, entre le *masculin*

et le *féminin,* entre jeunes et vieux, entre affection
et sexualité, entre désir et amour, entre pouvoir
tutélaire et pouvoir créateur.

Morale que tout cela? Je n'ai eu peur ni du
mot ni de la chose (bien que je lui ai parfois préféré
le terme *éthique,* plus précis). En cette époque où
presque personne n'ose plus tenir de discours
éthique de crainte de passer pour moralisateur,
puritain ou utopiste, j'ai choisi de passer outre au
tabou.

Je reconnais mon jugement faillible et mes
solutions discutables. Mais je souhaite ardemment
que, à l'instar de la démarche entreprise dans ce
livre, il se trouve de plus en plus de gens pour
remettre en question les mythes et les comportements attachés à une révolution sexuelle factice.
N'aurai-je fait que nourrir leur réflexion, stimuler
leur lucidité ou débroussailler des pistes qui les
aideront à se sortir de l'impasse dans laquelle la libération manquée nous a conduits, j'en serai fort satisfait.

Rien n'est aussi difficile que de se changer
soi-même. Je sais. Temps, réflexion, détermination
et volonté n'y suffisent pas toujours. Et je ne parle
pas des changements à l'échelle collective! Pourtant, si nous ne nous libérons pas nous-même de
nos attaches non seulement aux traditions rigides
mais encore à la fuite en avant et au défoulement
déguisés en progrès, qui le fera? Et surtout: d'où par-
tira alors la révolution affective que le désenchantement produit par la révolution sexuelle appelle?

ANNEXE

DE L'AMOUR
(à la manière de Khalil Gibran*)

Lorsque ses disciples se turent pour l'écouter, le sage s'exprima en ces mots:

«*Rien n'est plus difficile que d'aimer.*
Car si l'amour nous apporte les joies les plus profondes,
Il porte aussi les germes de grandes douleurs.
Aussi sachez aimer.
Que ceci serve votre apprentissage:

Aimer c'est choisir.
Nous ne pourrons jamais aimer ni être aimés de tous profondément.
Seul un petit nombre d'élus trouveront place en votre coeur.
Sachez les reconnaître aux signes de l'amour
Parmi lesquels sont la tendresse, la sollicitude et
l'attachement.
Sachez ensuite être dignes de ceux que vous aimez ainsi
qu'ils seront dignes de vous.
N'ayez pour unique exigence qu'ils fassent partage de l'amour.
Car qui aime seul vient à perdre ses forces
que personne ne nourrit.
Et celui qui ne sait que recevoir
sans donner se dessèche dans l'égoïsme.

---

* Khalil Gibran, *Le prophète*, Casterman, 1956.

Or l'égoïsme est le contraire de l'amour.

Aimer c'est s'activer au bonheur de l'aimé.
Et connaître le renoncement
Mais par la servitude.
Sachez vous oublier mais sans oublier l'amour
Ni le respect de vous-même.
Car qui prétend n'être rien sans l'aimé
Ne connaît guère l'amour:
Il faut d'abord s'aimer soi- même suffisamment
pour pouvoir ensuite aimer un autre.
D'ailleurs, comment le convaincrai-je de m'aimer si je fais foi
de n'être rien sans lui?
Aimez donc de façon à être bien dans la solitude mais mieux
encore avec l'aimé.
L'amour ne doit pas vous amoindrir par l'absence de l'autre
mais vous augmenter par sa présence.

Sachez vous détacher de ceux que vous aimez.
Ne dites pas: «Qui j'aime m'appartient», mais «Je dois
préserver la liberté de qui j'aime».
Car l'essence de l'amour réside dans le respect.
Si l'amour est un choix, il doit rester un choix libre d'entraves.
N'ayez rien de plus cher que la liberté de ceux que vous aimez:
C'est ainsi seulement qu'ils pourront, s'ils le veulent, vous
choisir.
L'amour contraint n'est pas l'amour.
Il prend vite le visage de l'amertume, de la colère et de la
haine:
L'amour prisonnier déteste son geôlier.

Il n'existe pas d'autre fidélité que l'honnêteté.
Comment les ailes de l'amour pourraient-elles voler lorsque le
poids du mensonge leur est attaché?
Si parfois la vérité met l'amour à l'épreuve, elle sert surtout à
le fortifier.
L'amour qui ne résiste pas à la vérité n'était déjà plus l'amour.

Les humains, comme les saisons, changent.
Parfois l'amour s'efface comme la verdure sous la neige.

Soyez alors sans amertume ni ressentiment.
Si vous aimez moins ou n'êtes plus aimés,
Sachez garder le souvenir précieux de l'amour.
N'abandonnez pas l'amour déchu comme une carcasse
aux charognards;
Rangez-le avec précaution et tenez en votre coeur reconnaissant
sa flamme allumée.
Elle vous réchauffera les jours de grande froidure.

Ne craignez pas de perdre l'amour
Car il n'est pas un bien: il est la vie.
Cultivez-le plutôt afin qu'il croisse à maturité.
Ne vous absorbez pas dans l'amour,
Mais laissez l'amour s'absorber en vous.
Il ne doit pas vous couper du monde
Mais, au contraire, vous permettre de l'apprécier davantage.
Que l'amour ne soit pas un but ou une fin mais un outil, un moyen
grâce auquel vous bâtirez le présent et l'avenir.
C'est dans les projets communs que les amoureux se rapprochent
et se complètent
Et dans les difficultés qu'ils se réconfortent.
Lorsqu'ils atteignent enfin l'un des jalons de la route qu'ils
avaient dessinée, ils se réjouissent et fêtent l'amour.

Souvenez-vous, enfin, que le désir n'est pas l'amour,
Bien que l'amour joint au désir procure des instants merveilleux.
Ne dites pas «J'aime» quand vous ne faites que désirer.
L'amour est trop grave pour qu'on le méprenne.
L'amour vrai exige même qu'on lui subordonne le désir afin que
nulle autre passion ne le trahisse.
Car si vous désirez plus que vous n'aimez, ne risquez-vous pas de
soumettre aveuglément l'autre à vos désirs?

Certes, l'amour est une passion, mais de toutes les passions
Elle demeure la plus raisonnable.
Que l'amour soit donc votre sagesse».

Ayant entendu ces paroles avec recueillement, les disciples remercièrent le vieux maître. Puis ils sortirent de sa maison en chantant.

POSTFACE

Que vient faire dans le décor ce livre de Michel Dorais? Qu'apporte parmi l'abondante documentation dont nous disposons déjà en sexologie cet essai dont l'auteur n'est pas un sexologue, c'est-à-dire un *spécialiste patenté* du domaine?

Mentionnons d'abord que tout ce qui se dit, s'écrit, ou se prêche en sexologie ne relève pas de l'infaillibilité papale, universitaire ou scientifique. En fait, il existe bien peu de vérités scientifiques en cette matière. Et quand elles apparaissent, généralement elles proviennent d'autres disciplines, telles les sciences biologiques. Lorsque j'étais étudiant, certains de mes professeurs répétaient inlassablement, et en ayant l'air d'y croire, que l'objectivité et la neutralité scientifiques constituaient la base immuable de leur enseignement et de leurs recherches. Alors il nous fallait écouter leurs discours comme s'il s'agissait des paroles d'un évangile dont ils étaient évidemment les seuls dépositaires. Pourtant, on ne m'a pas convaincu que la sexologie est une science exacte, une science pure, ou une science dénuée de quelqu'idéologie que ce soit. Au contraire, je comprends aujourd'hui que la sexologie c'est une science humaine comme les autres. Comme pour toutes les sciences humaines, si les instruments de cueillette et d'analyse des données doivent répondre à des critères sévères de fiabilité, l'interprétation des résultats que l'on obtient vaut pour la qualité de sa pertinence mais non pour sa supposée objectivité, encore moins pour son illusoire neutralité ou sa toute relative scientificité. Pourquoi? Parce que c'est nous, êtres humains, qui interprétons les résultats de nos recherches et de nos enquêtes, nous êtres humains avec nos valeurs, nos tabous, nos limites, nos préférences idéologiques, nos expériences et inexpériences de vie. L'objectivité ou la neutralité en sexologie, c'est comme la nudité quand nous faisons l'amour: nous sommes alors encore vêtus de nos goûts et préférences, de nos valeurs, nos préjugés et nos croyances.

Est-ce que la masturbation, c'est normal ou pas? Est-ce que divorcer, c'est correct? La biologie ne peut pas davantage répondre à ces questions que les mathématiques. Ces interrogations s'avèrent trop complexes, impliquent trop de dimensions humaines pour ne laisser que la seule science répondre à notre place. Qu'entendons-nous par *normal* ? L'absence de pathologie dans le développement hormonal ou neurologique? L'imitation d'un comportement moyen, tel que défini statistiquement à partir d'un échantillon représentatif d'une population donnée? L'adéquation à un idéal de conduite morale prévalant à une époque spécifique, et imposé par un groupe de personnes occupant une place déterminante au sein d'une société? La définition de la normalité renvoie à nos valeurs, à notre conception de la sexualité, à ce qu'est ou ce que devrait être un homme, une femme. La normalité fait aussi appel à des normes sociales, les nôtres ou celles d'autres personnes, d'autres groupes, d'autres époques ne partageant pas nécessairement nos intérêts. Toute interrogation de cet ordre remet en question des valeurs et des significations que nous partageons ou pas avec les membres de notre famille, de notre communauté de travail, de notre environnement culturel. Les lois et les règlements concernant l'avortement, le mariage, le divorce, la contraception, la pornographie, la prostitution, la danse nue dans les bars, l'éducation sexuelle à l'école, la nudité sur les plages, ils proviennent non pas des sciences exactes mais de nous, hommes et femmes vivant dans un contexte économique et idéologique déterminé. Qu'une société comme la nôtre crie à la censure quand des gens veulent restreindre la vente de matériel pornographique et que cette même société tergiverse, lésine et limite à moins d'une douzaine d'heures par année le temps consacré dans les écoles à l'éducation sexuelle, ce n'est pas une affaire d'objectivité mais de choix politique impliquant la vie personnelle des citoyens et citoyennes. En dernier lieu, ce n'est pas la science mais la réflexion sur nos expériences de vie et l'échange avec les autres qui nous apportent, sinon la réponse à nos questions, du moins des éléments de cheminement.

Parmi tous ces écrits, ces conférences, ces productions audio-visuelles qui nous parlent de sexualité, bon nombre se présentent comme des ouvrages scientifiques alors qu'en fait ils se servent de données scientifiquement recueillies pour promouvoir une vision personnelle de la sexualité, de la femme, de l'homme. Il n'y a rien de honteux à formuler sa vision du monde et à utiliser des connaissances scientifiques pour l'appuyer! Mais il s'agit d'une fraude intellectuelle quand on fait passer sa conception philosophique pour une vérité scientifique supposément objective. Certains auteurs entrecroisent l'une et l'autre de façon si subtile qu'elles semblent ne faire qu'une seule et même perception de la réalité. C'est dans des situations comme celles-là que l'esprit critique et la réflexion articulée nous aident à mieux voir, mieux comprendre et mieux juger.

La plupart des courants de pensée en sexologie depuis les années 1960 valorisent à différents titres l'apport des méthodes scientifiques pour étudier la sexualité humaine. L'équipe américaine de William H. Masters et Virginia E. Johnson[1] en constitue un bel exemple. Ensemble, ils ont observé et enregistré les réactions physiologiques à l'excitation sexuelle chez 382 femmes et 312 hommes pour en arriver à décrire des modèles normatifs pour... des milliards d'être humains! L'atteinte de l'orgasme physiologiquement observable et mesurable est donc devenue la référence pour qualifier de fonctionnel ou de dysfonctionnel un comportement érotique. Avant l'avènement de la sexologie, c'est la théologie qui classait en bons ou mauvais les comportements sexuels, et ce, en

---

(1) Masters, W.H. et V.E. Johnson, *Les réactions sexuelles* , Paris, Robert Laffont, 1968. Aussi, *Les mésententes sexuelles et leurs traitements* , Paris, Robert Laffont, 1971.

fonction d'une sexualité de reproduction à la gloire de Dieu, dans le cadre du mariage monogamique, hétérosexuel, indissoluble et sous l'autorité du mari. Jadis attentifs et attentives aux conseils des prêtres, nous nous tournons volontiers vers les sexologues, en passant par les médecins, psychologues et autres thérapeutes. Il ne s'agit pas ici de ridiculiser le fait qu'on adresse à quelqu'un une demande d'aide. Demandons-nous plutôt comment on présente et on se représente cette aide professionnelle. N'allons-nous pas d'une norme à une autre, d'une autorité religieuse à une autorité se prétendant scientifique? Nous sommes, par exemple, ballotés de la masturbation-péché à la masturbation-santé. Si la masturbation-péché s'insérait dans l'idéologie de la sexualité de reproduction, celle du sexe-plaisir cadre fort bien avec la société de consommation.

Cette mystification de l'apport des sciences peut nous rendre de très mauvais services. Bon nombre de sexologues ou de pseudosexologues y voient une sécurité intellectuelle: la science apporte des vérités fiables. Si l'on démontre que les androgènes sont les hormones responsables de la libido ou du désir, et que les hommes possèdent un taux d'androgènes plus élevé que celui des femmes, alors on justifie par la biologie le fait qu'un homme dise avoir besoin plus souvent que sa partenaire de relations sexuelles. D'autres, qui veulent passer pour des maîtres en la matière, se basent sur la morphologie des organes génitaux pour dire que l'homme, à cause de la forme de son pénis orienté vers l'avant (on pourrait tout aussi bien dire pointé vers le bas!), a une nature de conquérant, d'être propulsif; tandis que la femme, à cause de la forme de son vagin, sorte de réceptacle intérieur, a une nature de réceptivité. Ce genre de conception, pas du tout scientifique mais par contre très stéréotypée, conduit à la démagogie pure et simple. On laisse ainsi croire que les stéréotypes culturels sont justifiés parce qu'on les fonde sur de supposées lois et règles de la nature. Ainsi une femme ayant de l'initiative, aimant elle aussi conquérir, agirait comme un homme, donc contre sa nature féminine: elle aurait besoin d'une sexothérapie pour être «elle-même», c'est-à-dire conforme à un modèle idéal de féminité bien éloigné du vécu quotidien des femmes.

Cette sorte de confort intellectuel nourri de données

dites scientifiques craint ordinairement l'esprit critique et les remises en question. Comme par hasard, les tenants de la sexologie dite objective et scientifique sont souvent des hommes et ils voient le mouvement féministe et l' approche masculiniste comme des menaces. Un conférencier bien connu fait cette observation fort révélatrice quant à la perception des interrogations critiques:«*Nous assistons aujourd'hui, dans notre milieu et dans l'ensemble de l'Amérique du Nord, à une vaste entreprise de castration psychologique du mâle. Nous vivons dans une société où le pénis est la cible de toutes et chacune*».

On semble parfois établir une incompatibilité entre l'esprit scientifique et l'esprit critique. D'un côté, l'objectivité et la neutralité (le domaine de la vérité), de l'autre la subjectivité et le militantisme (le domaine des opinions). Voilà une illusion que partagent plus souvent les scientifiques que les militants et militantes. Curieusement, cette supposée objectivité ou neutralité ne se sent pas concernée par l'exploitation économique des hommes et des femmes dans leurs besoins d'amour, de plaisir, d'individualité. Ce que nous vendent les marchands de pornographie, de prostitution, de danse nue, d'alcool pour draguer, etc., est-ce que ça nous apprend à nous sentir plus confiants ou confiantes en nous-mêmes et à établir des relations interpersonnelles plus satisfaisantes? De ce marché de dupes, les experts en sexologie "objective et neutre" n'en parlent pas trop: peut-être cette réalité n'apparaît-elle pas dans leur champ de vision.

Ce n'est qu'en s'alliant à l'esprit critique et à la créativité que la démarche et la rigueur scientifiques réussissent à découvrir le monde, à augmenter nos connaissances sur nous-mêmes et notre environnement, à développer nos habiletés à mieux vivre. De même la philosophie, en adoptant et adaptant des méthodes scientifiques de cueillette de données et d'analyse, peut davantage fonder ses interrogations, ses interprétations et relier alors aux vécus et aux faits son propos sur les femmes et les hommes d'aujourd'hui.

La sexologie, comme champ d'étude de la sexualité humaine, constitue justement une belle occasion pour explorer une compréhension critique et rigoureuse, imaginative et axée sur l'action. Cette sexologie vise alors non pas l'avancement de la science comme fin en soi mais plutôt la qualité de vie des êtres humains.

La sexualité ne se réduit pas à un fonctionnement des organes génitaux. Elle implique une conception de la femme, de l'homme. Elle baigne dans un monde de valeurs, de normes, d'images culturelles, d'impératifs économiques. Elle ne se définit jamais complètement. Telle une auberge espagnole, on y trouve ce qu'on y apporte. Selon les époques, elle évolue différemment. Toujours en mouvement, elle tient d'une part des contingences économiques, institutionnelles, familiales, conjugales et personnelles et, d'autre part, elle s'inspire des aspirations, des désirs, des goûts, des préférences, des idéaux propres à chacun et chacune de nous.

L'expérience vécue constitue la source première de la connaissance humaine en matière de sexualité. C'est à partir de notre expérience comme personne humaine et comme société que nous accordons de l'importance à telle valeur sexuelle (la fidélité, le plaisir, la pureté, etc.) plutôt qu'à telle autre. Cette expérience, c'est celle de notre famille, de notre milieu d'éducation, de nos croyances religieuses, de nos amours, de nos lectures. Nos idées nous viennent de notre vécu, de notre culture. Pas de nos hormones ni de nos gènes.

Si nous sommes tributaires de notre culture, de notre éducation, de notre système économique, nous possédons aussi la faculté de transformer notre monde, de modifier nos habitudes et notre style de vie, d'expérimenter nos relations interpersonnelles de nouvelles façons. La récente récession économique nous a appris, parfois dramatiquement, que nos conditions de travail pouvaient changer et que ce changement provoquait des remises en question de nos valeurs (importance de l'argent, de la sécurité matérielle, etc.). De même une séparation, une grossesse non planifiée, une relation érotique qui sort de l'ordinaire, voilà aussi des événements qui suscitent chez l'être humain des nouveaux questionnements.

Nous ne vivons plus dans la même société que celle de nos grands-parents. Le Canada et le Québec de leur époque

269

n'avaient pas une Charte des droits et libertés proclamant comme valeurs fondamentales l'égalité en droits, obligations et responsabilités entre les hommes et les femmes, ainsi que la liberté d'orientation érotique. Mais ce ne sont pas les Chartes qui nous apporteront l'égalité entre les hommes et les femmes; ce sont les faits. Nos parents ont grandi en un temps où l'épouse devait faire son devoir conjugal, que ça lui plaise ou non; aujourd'hui, on tend à considérer comme valeur de base le consentement mutuel dans les rapports érotiques. En l'an 2000, on prônera peut-être partout la représentation égalitaire des femmes et des hommes comme valeur fondamentale. Nos milieux de travail, nos institutions, nos députations, nos conseils d'administration, nos directions de syndicat ou de maison d'enseignement devront peut-être alors refléter ce qui existe depuis toujours dans les faits de population: la présence égale en nombre des hommes et des femmes.

Si nous naissons, sommes éduqués, travaillons, aimons, baisons dans une culture déterminée, nous ne restons pas pour autant fixés dans nos stéréotypes pour le restant de notre vie. Nous pouvons agir sur nos conditions de travail, d'éducation, d'amour et de plaisir. Le mouvement féministe constitue un exemple de ce que la réflexion sur le vécu et la volonté de changement peuvent faire quand des personnes unissent leurs énergies et passent à l'action.

Ce livre n'appartient pas à l'idéologie de la consommation sexuelle comme bon nombre d'autres ouvrages en sexologie. Il relève plutôt de la nouvelle sexologie, qui veut redonner aux hommes et aux femmes le contrôle de leur vie sexuelle, de leur conduite érotique, de leurs relations de couple, de leur individualité. Cette nouvelle sexologie met l'accent sur la faculté que nous avons tous et toutes de choisir et d'agir sur nos conditions masculines et féminines, et ce, de nos conditions de travail jusqu'à nos conditions d'amour. Loin de favoriser le statu quo des stéréotypes, cet essai privilégie la solidarité entre ceux et celles qui mettent leurs énergies non pas à compétitionner, à performer ou à consommer davantage mais à créer en commun des liens significatifs d'échange et de partage entre êtres humains, quels que soient leur sexe ou leur orientation érotique. Cette valeur fondamentale qu'est la solidarité pour l'espèce humaine rejoint le vécu millénaire des hommes et des femmes. Ce n'est pas en nous opposant, en nous divisant, en nous dominant les uns les autres que nous survivrons. En nous associant, en nous enrichissant mutuellement de nos différences, nous militons pour la qualité et le bonheur de la vie.

Ce sont des livres comme celui-ci qui nous aideront à réfléchir sur notre vécu. Pour en finir avec la sexualité de consommation, de compétition et de compensation, il nous faut d'abord prendre conscience et nous demander si nous voulons que notre avenir ressemble à notre passé et à notre présent. Déjà nous expérimentons dans nos quotidiens des façons différentes d'être des hommes et des femmes, d'établir des échanges, d'apprécier nos plaisirs, de faire des changements dans nos vies. C'est de ces pratiques-là que la nouvelle sexologie se nourrit puis nous alimente en énergies et en motivations d'agir sur nos propres conditions humaines.

Michel Lemay
sexologue

TABLE DES MATIÈRES

Imprimé sur les presses de
l'Imprimerie DISTINCTION Inc.
à Montréal
1986